安部龍太郎

信長の革命と光秀の正義

真説 本能寺

GS
幻冬舎新書
578

信長の革命と光秀の正義／目次

第五章　戦乱の日本を覆うキリシタンネットワーク　157

第六章 「本能寺の変」前と後 191

図版・DTP 美創
編集協力 本郷明美

第一章　光秀単独犯行はありえない

「是非におよばず」の意味するところ

天正十年（一五八二）六月一日。

その日京都の本能寺では、織田信長が大茶会を催していました。

安土城から運ばせた数多くの名物茶器を、正客である公家の近衛《このえ》前久《さきひさ》をはじめ多くの客たちに披露した信長は、自分が持った強大な力に満足しながら床に就《つ》いたことでしょう。それは盛大に終わった茶会のためだけではありませんでした。

信長は、朝廷に対して「三職推任《さんしきすいにん》」を要求していました。

「三職」とは、関白、太政大臣、将軍のことです。それに対して朝廷から推任するという趣旨の答えがあり、時の誠仁《さねひと》親王から「いか様の官にも任じる」という文を受け取っていたのです。つまり、信長が望めば、三職のうちいずれの職にもなれるという状況でした。

このたびの上洛はその返事をするためであり、信長は天下統一へまた一歩近づいていたのです。

ところが、思ってもいない事態が起こります。

六月二日未明、信長は家臣である明智光秀の軍勢に突如襲撃されました。本能寺にいた信長の供は、ごくわずかであり、あまりにも非力です。

「是非におよばず」

襲撃が光秀による反逆だと知ると、信長は、そう言い捨てたと伝わっています。

「しかたがない」という意味の言葉を、どう取るべきでしょう。

「光秀が裏切ったのならば、しかたがない」ということか。「光秀をそこまで追い込んでしまった」、あるいは、「あいつがここまでやるとは。油断した」という思いもあったか。

いいえ、家臣一人の裏切りだけで、信長ほどの男が「しかたがない」と言うことはないと思います。光秀の背後にある、大きな力を悟っていたからではないでしょうか。

朝廷、幕府……それはいわば「信長包囲網」と言ってもいい、大きな力の集合体でした。

その中心にいたのは、前日行われた茶会の正客、近衛前久です。

織田信長と近衛前久――。

前久は、信長と同じくらいの能力を持ち、同じくらいのスケールで天下国家を考えていた人物です。同時代を生きた二人の傑物は、互いの才を認め合います。時に敵として戦い、時に「蜜月」を過ごしながら、しかし、二人の思想には、どうしようもないずれがありました。

近衛前久の構想力と胆力

前久は、天文五年（一五三六）、五摂家筆頭である近衛家の長男として生まれます。信長の二歳下でした。

五摂家とは、近衛、一条、二条、九条、鷹司家のこと。平安時代の中ごろに藤原北家が五つの家に分かれ、摂政、関白の地位を独占したため、摂関を出す家という意味で五摂家と呼ばれました。中でも近衛家は「筆頭」であり、前久は、この国の最高峰を歩くよう宿命づけられた人物でした。

しかも、朝廷の人間でありながら足利幕府と深いつながりを持ったことが、前久の運

命を決定づけたと言ってもいいでしょう。

足利幕府と朝廷は、体制の再構築をはかろうと「公武合体」策を取りました。

前久の叔母は、十二代将軍足利義晴に嫁いでおり、義晴の息子である十三代将軍義輝、十五代将軍義昭は従兄弟にあたります。また、前久の妹は義輝に嫁いでいました。

とはいえ、前久は、家柄がよいだけの公家ではありません。

和歌や書に秀で、有職故実にも通じ、乗馬や鷹狩りにも一流の才能を見せました。

後に前久が著した『龍山公鷹百首』は、鷹の種類や鷹狩りの作法、装束、道具についての和歌百首を集めた、いわば鷹狩りの秘伝書で、豊臣秀吉や徳川家康もテキストとして秘蔵したといいます。

天文二十三年（一五五四）、前久は十九歳（数え歳、以下同）の若さで関白・左大臣になります。時の将軍は、義輝でした。

関白になった前久は朝廷と足利幕府復興のため、まず毛利元就の協力を得ようとします。しかし、毛利の協力が得られなかったために、後に上杉謙信となる長尾景虎と血判誓紙を交わしました。

永禄三年（一五六〇）、前久は関白在職のまま景虎とともに越後に下向しました。景虎は翌永禄四年（一五六一）、関東に攻め入って、北条氏の小田原城を包囲、十万余りの兵が景虎のもとに集まったといわれます。

これは景虎の力だけではなく、前久の存在がものをいったのは明らかです。

「現職の関白がついているのだから、当然上杉方につくべきだ」

多くの大名がそう判断したのです。

しかし、景虎の軍は、包囲しながらも小田原城を落とすことはできませんでした。

このとき景虎は、鎌倉の鶴岡八幡宮で上杉家の家督を継ぎ関東管領職に就任する儀式を行い、以降上杉姓を名乗ります。

前久は、関白という身分でこの儀式に出席し、景虎の襲名に立ち会っています。

これは明らかに、前久の戦略でしょう。

景虎を関東管領にして関東を治めさせ、東国の大軍を率いて上洛、足利幕府の再興をはかろうという作戦です。前久が朝廷の人間であり、また、足利幕府と深い縁があったればこその戦略です。

このような壮大な構想を、二十代半ばで練り上げる。しかも、人を動かし、自らも命をかけて行動する胆力を持つ。近衛前久というのは、そういう男でした。

若き日の秀吉、家康も頼ったフィクサー

若き日の徳川家康が、前久を頼っています。

まだ松平姓だった当時、家康は朝廷に三河守に任官してもらおうとしました。任官が叶えば、三河統治の大義名分が立つからです。

すると朝廷から、「松平氏で三河守になった例はない」と拒絶されてしまいます。つまり、「三河守になる家柄ではない」と宣言されたわけです。

そのとき家康が相談したのが、前久でした。

前久は朝廷の古い記録をひもとき、新田源氏の流れである世良田氏の末流に徳川氏があることを見つけ、松平氏はその子孫であるという系図を作ったのです。

お陰で家康は徳川を名乗れるようになり、源氏の一門という資格を得て三河守に任官されたのでした。

家康はその後、お礼として毎年欠かさず前久に献金をしていたといいます。

また、秀吉にとっても前久は恩人でした。

秀吉が関白になろうとしたときのこと。関白は本来五摂家の者しかなれないことになっています。そこで秀吉は前久の猶子《ゆうし》となり、近衛家という家柄を手に入れ、関白という地位に上り詰めたのです。

前久は家柄を与えることにより、秀吉に恩を売ったわけです。今でいう、政界のフィクサーのような存在でした。

申し分のない家柄であるうえ、文武にも長けた前久の力は公家の中でも抜きんでていました。当時、前久の言うことには、朝廷の誰も反対できなかったでしょう。

信長上洛、前久は石山本願寺に潜伏

永禄八年（一五六五）五月、十三代将軍義輝は、松永久通や三好三人衆らの謀反によって討たれてしまいます。

興福寺一乗院にいた弟の義昭は、その直後に脱出して越前に逃れました。

将軍は不在、幕府の組織そのものが崩壊する危機に直面します。

そこで前久は、三好三人衆が推す足利義栄《よしひで》を十四代将軍として、危機を乗り切ろうとしました。

三好三人衆は義輝を殺した張本人であり、いわば仇です。仇と手を組むことには内心忸怩《じくじ》たるものがあったでしょうが、前久には足利幕府を守る使命があったのです。

永禄十一年（一五六八）二月、義栄は十四代将軍に就きました。

しかし、そのわずか七カ月後、信長が足利義昭を奉じて上洛し、義昭を十五代将軍にします。

義昭は前久を仇と手を組んだ裏切り者と見ています。そのために、前久の立場は危ういものとなりました。そこで関白在職のまま出奔。石山本願寺に身を寄せました。

その後、前久は正親町《おおぎまち》天皇に使者を送り、家督を次男信尹《のぶただ》に相続させたいと申し出ます。その意を受けた天皇が、前久の帰洛を許すよう義昭に伝え、また信長もとりなしましたが、義昭は許さなかったといわれています。

やがて前久は関白職を罷免され、石山本願寺に潜伏して再起を期すことになります。

「内裏も公方も気にするに及ばぬ」

永禄十二年（一五六九）、信長が岐阜に帰国した隙をついて義昭が襲われるという事件が起きます。そこで信長は、将軍の御所を造営することにしました。

同じ年の四月、信長は、イエズス会から派遣された宣教師ルイス・フロイスが京都に住むことを許可します。ところが、フロイスが洛中で布教を始めると、朝廷からキリシタン禁制の綸旨《りんじ》が出されました。

困惑したフロイスは、五月下旬に岐阜を訪れ、信長に布教の自由を保障してほしいと直訴します。信長は快諾し、こう宣言するのです。

「内裏も公方も気にするには及ばぬ。すべてのものは余の支配下にあり、余の命に従っておればよい」

おおっぴらに、「朝廷も幕府も気にするな」と言ったわけです。

世は下剋上の時代です。しかし、天皇を中心とした官位体制は健在であり、この言葉は大胆というほかありません。

当時、高位を独占した藤原一門が朝廷を意のままにしているばかりか、寺社と結びつ

いて座や市での既得権益を持っていました。

織田家は劔《つるぎ》神社の神官の出であり、父信秀は朝廷に強い尊崇の念を持っていました。信長も少なからず父の影響を受けており、朝廷対策に細心の注意を払っていました。

しかし一方で、旧態依然と既得権益をむさぼる上位の者に対する怒りと不信感も根強かったのです。

その不信感が噴出したのが、山門領の問題です。信長は近江の領主だった六角義賢《よしかた》（承禎《しょうてい》）らを追放し、近江の南半分を支配下に組み込みました。この地域には、比叡山延暦寺の所領が多数散在していましたが、信長は次々と押領していきました。

比叡山側は、朝廷に訴えて所領を返還させようとします。朝廷の中世的な価値観からすると非は信長側にあり、朝廷は強い調子で返還を求めます。

ところが信長は「善処する」と言うばかりで何も実行しようとしませんでした。

織田軍挟み撃ちの黒幕とは

こうした不穏な空気のもと、波乱の元亀元年（一五七〇）が開けます。

六月二十八日、信長は姉川の戦いで浅井・朝倉軍に大勝、返す刀で三好三人衆を討つべく河内、摂津へと進みました。

将軍義昭を総大将にした負けるはずのない戦でしたが、九月十二日、石山本願寺が突如反旗を翻《ひるがえ》し、一向一揆の軍勢が信長軍に襲いかかったのです。

しかも、姉川の戦いで息の根を止めきれなかった浅井・朝倉軍三万も南近江に乱入、坂本の織田軍を攻めました。宇佐山城を守る信長の弟織田信治や家臣の森可成《よしなり》は、配下の将兵と共に討死してしまいます。

信長を危機に陥れた、この作戦の黒幕は誰だったのでしょう。

誰あろう、石山本願寺に潜伏していた近衛前久です。

その貴重な証拠が、島津家の「家わけ文書」に収められています。前久が島津貴久にあてた元亀元年八月十二日付の書状です。

はやばや帰洛せしむべきの由、再三申し越し候といえども、いったん面目を失い候間、今に至りては覚悟に及ばざる由、申し放し候。しかれば江州《ごうしゅう》南北、越州、四国衆ことごとく一味せしめ候て、近日拙身も出張せしめ候。すなわち本意を遂ぐべく候

――朝廷から早く帰洛するよう再三申し入れがあったが、義昭、信長と協調路線をとる主流派との方針が違うことがはっきりした以上、帰洛するつもりはない。このうえは、江州南北（浅井、六角）、越州（朝倉）、四国（三好三人衆）を身方《みかた》にし、近日自分も出陣して本意を遂げるつもりである。

というような意味です。

「本意」とは、義昭、信長を追放して朝廷に返り咲くことを意味します。

この書状は、なんと信長出陣の十日も前に記されているのです。

前久は前もって三好三人衆とはかって義昭と信長をおびきだし、南北から挟み撃ちし、殲滅《せんめつ》しようとしたのです。

うかつにもこの計略をまったく察知していなかった信長は、九月二十三日、京都に敗走しました。

ところが山門領の問題で対立していた比叡山までが信長に反旗を翻したため、岐阜に帰ることもできず、絶体絶命の窮地に陥るのです。

信長は、なりふり構わず正親町天皇の袖にすがります。

勅命を出してもらうことで、浅井、朝倉、比叡山に和睦を承諾させたのです。

比叡山焼き討ちから義昭追放へ

正親町天皇に和睦の勅命を出してもらったとき、信長は、山門領は比叡山延暦寺に返還するという誓書を出し、浅井氏と六角氏の近江の領有も認めています。

しかし、信長は、いったん岐阜に引き揚げて陣容を立て直すと、その九カ月後、再び近江に侵攻。勅命も誓書も反古《ほご》にして、浅井、朝倉の身方となった比叡山延暦寺を焼き討ちにしました。

これが信長の残虐なイメージを決定付けた「比叡山焼き討ち」です。

一方、義昭は自分を「傀儡《かいらい》」としか考えていない信長に次第に不信感を強めていきました。

そしてついに信長と袂を分かつ決意をします。

義昭はその後、浅井、朝倉、六角義賢、石山本願寺、武田信玄を身方に引き入れ、信長包囲網を再構築していきますが、この策略が義昭だけの力でできたとは思えません。

信長と袂を分かった義昭に前久が接近、黒幕となったに違いないでしょう。

はっきりとした史料はありませんが、この時期前久は、一乗谷の朝倉義景を自ら訪問。また義景の娘と本願寺門跡《もんぜき》顕如《けんにょ》の子教如《きょうにょ》との縁組をまとめるなど、旺盛な策士ぶりを見せているのです。

当時教如は、本願寺の後継者となるべく前久の猶子となっていました。というのも、門跡寺院の後継者には、皇族や五摂家の出身者しかなれなかったからです。このため前久は、本願寺にも絶大な影響力を持っていました。

不穏な動きを繰り返す義昭に対して、信長は元亀三年（一五七二）十月に十七カ条の意見書を送って諫めようとしました。

ところがすでに義昭は、引き返すことができないところまで踏み込んでいたのです。

同年十月三日、武田信玄が大軍を率いて甲府を出発。十二月二十二日に三《み》方ヶ《かたが》原《はら》で徳川家康と織田信長の連合軍を撃破しました。

その知らせを受けて意を強くした義昭は、翌年一月に京都近郊で挙兵します。

武田軍を脅威に感じた信長は今回も和議の勅命を出させようと、工作を続けました。

しかし、前回、勅命を踏みにじった前科がある信長に、朝廷は応じようとしません。

そこで信長は洛中に火を放つなどの圧力をかけて、やっとのことで勅命を出させることに成功します。

四月七日、義昭と信長の和議が成立。

しかし義昭はなおも抵抗をつづけ、七月三日に宇治の槇島城で反信長の兵を挙げます。

ところが頼みの信玄は四月十二日に没していたために、信長に抗する術《すべ》もなく、嫡男義《ぎ》尋《じん》を人質として降伏します。

ここに足利幕府は実権を失い、信長が天下を取る道が開けたのです。

一般的にはこの時点で「足利幕府滅亡」とされていますが、決して「滅亡」ではなか

ったと私は考えます。これについては、後述しましょう。

足利義昭を追放した信長は、朝廷に改元を奏請。元亀四年（一五七三）七月二十八日、元号は「天正」となります。

前久と信長を結びつけた光秀

天正三年（一五七五）、信長と前久は突然和解します。

前久は、信長の奏請によって勅勘——天皇の勘当を解かれ、無官ながら朝廷への復帰を果たしたのです。

この突然の和解は、二人の思惑が合致したためと考えられます。前久は朝廷内での地位を回復するために信長の力が必要でした。一方信長は朝廷の内情やしきたりに精通した前久が役に立つと考えたはずです。

二人を結び付けたのは、明智光秀だと思われます。光秀は十三代将軍義輝に仕えており、義輝の従兄弟である前久とも交流があったはずです。

一連の包囲網の黒幕が前久であったことが、怜悧な信長にわからないはずはありませ

ん。しかし、策略を練り上げる構想力や、人を動かす力量を見込んで、新政権への協力を求めたのです。

時に前久四十歳、信長四十二歳。ともに、不世出の天才でした。

互いの利益のために結びついた二人ですが、この時から急速に距離を縮めていきます。

天才は孤独です。

なぜこんなことがわからないのか、理解してくれないのかと周囲の者に対して苛立ち、失望する。だからこそ、この二人は惹かれ合ったのかもしれません。

以後、幼いころからの親友のように、本能寺の変までの七年間を過ごします。

天正三年（一五七五）九月、前久は信長の依頼で九州を訪れ、島津氏と信長の調停役を務めています。

島津家の領地は、もともと近衛家の荘園でした。そこに地頭として赴任したのが島津家の祖忠久であり、以来両家は主従に近い関係を保ってきたのです。

前久は一年半ほど薩摩に滞在して信長の意を伝えただけでなく、島津家と肥後八代の

相良家との和睦を仲介するなどの働きをしています。

信長も前久に対し、天正三年には三百石を与え、天正五年（一五七七）には、前久の次男信尹の烏帽子《えぼし》親として元服に立ち会っています。烏帽子親になるということは、武家の社会では養父になるも同じであり、両家の縁組のようなものでした。

さらに、天正六年（一五七八）には山城《やましろ》普賢寺《ふげんじ》の千五百石の近衛家旧領を復し、翌年には二条御所の近くに別邸を与えています。

政治上の働きはもちろんですが、前久が趣味の乗馬や鷹狩りにおいても一流の才を持っていたことが、信長をおおいに喜ばせます。

信長が前久に夢中になっていたことがわかる手紙が残されています。

ふと上洛申し候わんまま、面謁をもって申し述ぶべく候

――ふと思いついたり、暇ができたときに訪ねたい。

信長にとって前久は、それほど親しい存在になっていたのです。

天正七年（一五七九）十一月、信長は誠仁親王に二条御所を献上しました。親王を自家薬籠中《じかやくろうちゅう》のものとなし、やがては朝廷を意のままにあやつろうと狙ってのことでしたが、この献上に前久が一役買っています。

同月二十二日に行われた親王の移徙《わたまし》において、前久が先導役を務めているのです。前久は依然無官でしたが、五摂家の先頭を切って輿《こし》を進めました。

誰の目にも、朝廷の最高実力者である前久が、信長と手を組んで天下統一を推し進めていくと見えたに違いありません。

しかし、この移徙を実現した思惑は、信長と前久とではまったく違っていました。その違いは次第にあらわになり、二人は天正十年（一五八二）の「破局」に向かっていくのです。

安土城を「御所」にしようとした信長

いつから二人は食い違ったのか。

永禄十一年（一五六八）、信長が上洛して以来、信長と朝廷とは利用し、利用される関係を続けてきました。

信長は朝廷の命を大義名分として天下統一を進め、朝廷は信長の援助によって復興を成し遂げようとしていました。

しかし、信長は「超」をつけてもいいほどの合理主義者でした。朝廷のさまざまなしきたり、しがらみにほとほと嫌気がさしたのは想像に難くありません。

また、前述したように、旧態依然と既得権益をむさぼる上位の者に対して、根強い怒りと不信感を持っていました。

天皇と朝廷を何とか意のままにできないか――、考えに考え抜いた末に出した結論が、

「自分が天皇の上位に立てばいい」というものでした。

その証拠が、平成十一年（一九九九）の安土城発掘調査によって発見されました。

「安土城に天皇用の御殿」

「京都御所の清涼殿そっくり」

平成十二年（二〇〇〇）二月十一日の新聞各紙に、このような見出しが並びました。

安土城の発掘を進める滋賀県安土城郭調査研究所が、本丸跡の礎石位置が内裏の清涼殿に酷似していると発表したのです。

『信長公記』によれば、天正十年（一五八二）正月朔日《ついたち》に、信長が「御幸の間」を公開したと記されており、その記述が正しかったことを証明する発見でした。

さらに安土城には、京都の御所と同様、三つの門があったこともわかりました。

信長は明らかに、安土城を「御所」にしようとしていたのです。

ただし、安土城のこの御殿は、信長がいる天主から見下ろす位置にあることも、明らかになりました。

つまり、天皇の住まいを信長が見下ろすということです。

私はこの記事を読んだとき、信長の意図は私が考えていたとおりだったと確信しました。まるで、信長が四百余年の時を超えて伝えに来てくれたかのようです。

その「意図」はどのようなものでしょう。

信長は、当時の正親町天皇の皇太子、誠仁親王の息子五の宮を猶子にしていました。猶子とは名義上の親子関係で、信長は天皇の孫と義理の親子関係を結んでいたのでした。

危機感をつのらす朝廷

信長はすでに天正七年（一五七九）、誠仁親王一家を二条御所に移住させ、自家薬籠中の物としています。

さらに、誠仁親王の即位を果たした後、安土城内の清涼殿に移住させるつもりだったのです。すなわち「遷都」です。

その後折を見て、猶子である五の宮に譲位をさせる。五の宮が天皇となれば、信長はその父ですから、太上天皇と同等の資格で朝廷を意のままにできる――。

これが信長が描いていた青写真でした。

それが朝廷を支配下におこうという野心によるものであったことは、天主から見下ろす位置に清涼殿を造ったことからも明らかです。

朝廷を支配しようという信長の野望は、本能寺の変の直前ごろにはかなり現実味を帯びていたということです。

当然ながら、周囲は、信長の野望に対して危機感を持っていました。

その最たるものが、皇族と公家、幕府側の人間たちでしょう。

信長が革新派だとすれば、いわば守旧派です。そして、その代表が、近衛前久でした。

武田征伐への同行が最後の引き金に

前久と信長、二人は互いに力を認め、趣味を同じくし、蜜月を過ごしてきました。

しかし、信長は前久にとってあまりにも過激であり、革新的すぎました。

「関白や太政大臣で満足してくれていたらよかったのに——」

前久は何度もそう考えたはずです。

あろうことか、天皇の上に立とうとするなど、到底許せることではありませんでした。

前久は、信長と袂《たもと》を分かつ決意を固めます。それは、いつだったのでしょう。

私は、前久が信長の武田征伐に同行したときではないかと考えています。

天正十年（一五八二）三月、甲斐の武田勝頼を討つため、信長は五万の兵を率いて出陣。伊那口から嫡男信忠の軍勢三万、駿河から徳川家康軍三万、関東から北条氏政軍三万、総兵力十四万余りが攻め込み、甲斐平定に成功しました。

このとき、前久も公家陣参衆を率いて同行しています。

前久は当時太政大臣に就任しており、信長は前久を同行させることで、この戦いが私戦ではなく、朝廷の命による「征伐」だという名分を調えたかったのです。

結果的に、この同行が前久の心を決めさせます。

かつての盟友である武田家に対して、前久は寛大な処分を求めていました。

また、武田家の菩提寺である恵林寺《えりんじ》の住職であり、武田信玄の師である快川《かいせん》和尚を守りたかったに違いありません。

前久はそうしてくれるように、何らかの形で信長に働きかけたことでしょう。

ところが、結果は最悪でした。

信長は武田家を根絶やしにしたばかりか、快川和尚を楼門に上げて焼き殺したのです。

このとき快川和尚が残した、「心頭滅却すれば火も自《おのずか》ら涼し」という言葉はあまりにも有名です。

快川和尚は、正親町天皇から国師号を授与された高僧であり、その僧を焼き殺すことは天皇の権威を真っ向から否定したも同然です。あまりにも残虐な所業を見て、前久はついに袂を分かつ決意をしたのだろうと思います。

武田征伐の後、信長は家康の案内で甲府から駿河へ下る富士遊覧の旅に出ています。前久は同行すべきかどうかを信長に尋ねました。

すると信長は馬上から、「近衛、わごれなんどは木曽路を上らしませ」と答えたと、『甲陽軍艦』は伝えています。

——お前は、木曽路を通って帰れ。

同行しようとした前久を、信長はけんもほろろに追い払ったのです。

武田家や快川和尚への仕打ちに加え、この信長の冷淡さが、前久の心に宿ったものを燃え上がらせたのではないでしょうか。

もう一つ、前久が信長との縁を断ち切ろうと考えたであろう一件があります。当時関

白を務める一条内基《うちもと》という公家がいました。前久とはライバルの関係にあります。

この一条内基に、信長は養女を娶《めと》らせているのです。

「こんなにも信長のために尽くしてきたのに、よりによって一条と縁組するとは」

前久にとっては、信長の裏切りであり、同時に自分が「見限られた」と感じたことでしょう。

信長にとっては、「太上天皇になる」ことに反対している前久への当てつけであり、「前久がだめなら一条で」という保険だったかもしれません。

前久にとっては、「もはやこれまで」でした。

光秀も組み込まれた信長謀殺計画

木曽路を通って京に戻った前久は、各方面と連絡を取り、「信長謀殺計画」を練り始めました。

まずは足利義輝の近臣だった細川藤孝（幽斎）を身方に引き入れ、足利義昭を京都に呼び戻し、幕府を再興する計画を立てます。

同じく義輝の近臣だった明智光秀も、藤孝とともに前久側につきました。

二人は義昭を将軍にするために奔走した仲であり、また光秀の娘玉子（ガラシャ）は藤孝の嫡男忠興《ただおき》に嫁いでいます。

単なる幕府の旧臣同士というだけではない、強い絆で結ばれていたのです。

計画が露見しないよう、前久は近衛家の家来筋にあたる吉田神社の神官吉田兼和（兼見）を連絡役に使いました。

兼和は藤孝とは従兄弟同士、また妻の兄である佐竹出羽守は明智光秀の側近です。兼和が藤孝や光秀を訪ねても不審を持たれない人物であり、連絡役としては最適でした。

一方信長は、「武田征伐」の功績を盾にとって、朝廷に対して、太政大臣、関白、将軍のいずれかに任じるように強要していました。

その要望を朝廷が受け入れ、天正十年（一五八二）五月四日、安土城に勅使を遣わし、誠仁親王の書状を届けたのです。

> 猶際限なき朝家の御満足、古今比類なき事候へば、いか様の官にも任ぜられ――
> （中略）万御上洛の時申すべく候、めでたくかしく

信長が望めば、三職のうちいずれの職にもつける、ということです。

誠仁親王は、信長謀殺計画を知っていたと考えられます。そして、書き添えられた「万御上洛の時申すべく候」の一言。「すべては、上洛されたときに」。これは、信長を洛中におびきよせるための罠としか思えません。

光秀のかかえた負の感情とは

そして、同年五月二十九日、信長は百人ばかりの小姓衆を供に上洛、本能寺に宿をとりました。

翌日、近衛前久以下大半の公家が、上洛のお礼に信長のもとに伺候します。

信長は、なぜこんなにも無防備だったのか、という謎があります。

おそらく信長は、「日本はこんなにも安全な国になったのだ」とアピールしたかった

のだと思います。

もはや全国で私戦が繰り広げられる戦国時代ではない、新しい時代になったのだ――そう宣言したかったのでしょう。

先に武田勢を倒し東国を平定した際も、信長はわざわざ家臣を解散させ、わずか五百人余りの軍勢で安土に帰っています。

信忠が千数百人の兵を率いて先に上洛し、洛中にいたという安心感もあったことでしょう。

信忠の軍もいるから身軽でいいと考えたとはいえ、京都各所に見張りもつけていなかったとは、うかつとしか言えません。

しかし、もし見張りから報告を受けても、信長は「光秀が挨拶に来たか」としか思わなかったかもしれません。自分を裏切る者が畿内にいるとは、想像さえしていなかったようです。

信長には案外、そういううかつな面があります。恨み、憎しみ、ねたみ、鬱屈《うっくつ》――自身が合理的な人間だからでしょうか、そうした人心の裏面に思いが及ばないのです。

信長は明智に「誅される」

明智光秀は、なぜ織田信長を討ったのでしょうか。

光秀の中には、さまざまな感情が渦巻いていたはずです。光秀という人間については、第二章で詳しく述べますが、一つだけはっきり言えるのは、これまで語られていたような「光秀単独犯」説はありえないということです。

いくつかの証拠が残されています。

静岡県富士宮市の日蓮宗西山本門寺に、信長の首が祀られています。寺伝によれば、「本能寺の変」の当日、信長の供をしていた原志摩守宗安が、日海上人（後の本因坊算砂）の指示によって、この寺に運んで供養したということです。

日蓮宗の僧である日海は、変の前夜に信長の御前で囲碁の対局をした名人であり、本能寺に留まって信長の死を知ったのでしょう。

首が敵方に渡れば、「罪人」として洛中に晒されてしまう。そこで旧知の原宗安に、西山本門寺まで首を運ばせたのです。

日海は後に西山本門寺の境内に本因坊という坊舎を作って住み、宗安の子日順を弟子として、寺の第十八代上人としています。

寺に残された、日順直筆の過去帳には、〈天正十年六月　惣見院信長、為明智被誅〉とあります。

信長は明智のために誅されたという意味です。

「誅する」とは、上位の者が罪ある者を成敗する場合に用いる言葉です。

日順上人は、本能寺の変当時は生まれていませんが、師匠である日海はまさに現場にいた人物です。当時の事情は日海から詳しく聞いていたはずであり、間違えて「誅さる」という言葉を使ったとは思えません。

当時、信長よりも地位が高い人物、それは天皇か将軍しかありません。つまりどちらかの命令を受けて光秀が討ったということになります。

そうでなければ、主君を討った光秀の行為を「誅する」と表現するはずがないのです。

光秀の「単独」「突発的」犯行はありえない

そして朝廷の計画には、将軍足利義昭も関わっていたという証拠が残っています。

本能寺の変直後の天正十年（一五八二）六月十二日、光秀が紀伊国雑賀《さいか》の土橋《つちはし》重治に出した書状の原文が、三重大学の藤田達生教授によって発見されたのです。

土橋重治は一貫して反信長派であり、本能寺の変が起こると、雑賀を反信長派で固め、高野山など近隣の寺院勢力にも決起を呼び掛けました。

重治は光秀に協力する書状を送り、その返信に次のような一文があるのです。

委細（闕字《けつじ》）上意として、仰せ出さるべく候条、巨細あたわず候、
仰せの如く、いまだ申し通わず候ところに、
上意馳走申し付けられて示し給い、快然に候、然《しか》れども
御入洛の事、即ち御請け申し上げ候、その意を得られ、御馳走肝要に候事、

（『本能寺の変』藤田達生）

この一文を見れば、本能寺の直後の重治の行動が義昭の命によるということは明らか

です。

重治が義昭の指示によって行動していること、光秀もまた将軍の指示で上洛戦への協力を約束していることがわかります。

こうした史料が発見されたからには、クーデターが光秀の単独犯であり、しかも信長を恨んだための「突発的犯行」という解釈は、もはや成り立ちません。

足利幕府は信長政権と権力を二分していた

足利幕府は、元亀四年（一五七三）には滅亡しておらず、義昭が幕府を移した鞆《とも》の浦《うら》で権勢を保っていたのだと前述しました。

最近では、義昭が出家した天正十六年（一五八八）が幕府の終焉である、という説が主流になっています。

根拠はいくつかあります。

一つめは朝廷の官位を記録した『公卿補任《くぎょうぶにん》』に、義昭が天正十六年まで将軍だったと記されていること。

二つめは、義昭は毛利輝元を副将軍とし、多くの奉公衆や奉行衆を従えて幕府の機能を維持していたことです。

また、足利将軍というのは、十代義稙《よしたね》のころからたびたび都を追放されており、その間も将軍位を保ち続けています。

事実、義昭が鞆の浦に居住していたときも、社会的には将軍と認識されており、京都五山の住持の任命などの公務も行っていたのです。

都からは離れても、義昭はまぎれもなく将軍でした。

私は以前、広島県の鞆の浦を訪ねたことがあります。

鞆の浦は、現在広島県福山市に位置します。東海道・山陽新幹線の福山駅で下車し、沼隈半島の東側を車で三十分ほど走ると、港に面した小さな町に着きます。

その町が、鞆の浦です。

江戸時代までは瀬戸内海海運の中心地として栄え、当時の面影を残す町並みや、港の雁木《がんぎ》（船の荷揚げをするための石段）が見られます。

時間が止まったような風情あるたたずまいをながめていると、船が着くたびににぎわ

った港の光景が心に浮かびました。

この港が海運の中心地となったのには、理由があります。

ちょうど瀬戸内海の真ん中に位置しているので、満潮のときには西の豊後水道や東の紀淡海峡から流れ込んだ潮が鞆の浦の沖でぶつかり、海面が山のように盛り上がります。

一方、干潮のときにはその潮が東西に分かれて引いていくので、干満時の水位の差が四メートルを超えることも多いのです。

満ち潮のときには徐々に海面が押し上げられていくし、引き潮のときにはまるで川のように流れていく。この自然の動力を使った航海法が、瀬戸内海では古くから行われていました。

大坂湾から九州へ向かう船は、上げ潮に乗って鞆の浦まで行って潮待ちをします。そして、翌日、引き潮に乗って九州へ向かうのです。九州から大坂方面へ向かう場合は、その逆です。

上り、下り、いずれの船にとっても、鞆の浦は潮待ちする港としてなくてはならなかったのです。

信長に都を追われた足利義昭は、西国の大守である毛利輝元を頼り、潮待ち港として発展を遂げた鞆の浦に幕府を移しました。

鞆の浦で力を蓄えていた義昭

義昭が選んだのは、なぜ鞆の浦だったのでしょうか。

西国が信長の勢力下ではないことは大きな要因でしょう。その上、鞆の浦は足利家にとって由緒ある地でした。

南北朝時代、筑前の多々良浜の戦いに勝った足利尊氏が、都に攻め上がる途中で鞆の浦で兵を休めています。尊氏は小松寺という寺で、光厳《こうごん》上皇の院宣を得て幕府を開く名分を得ました。

もちろん、交通の要所であり、人も金も情報も集まってきます。前にも述べたように、流通が発達したこの時代、関税である「関銭」、港湾利用税である「津料」の収入は莫大なものになりました。

こうした利益をもって、強大な権力を持った代表格が織田信長だったわけです。

この「宿敵」に対抗するために義昭が選んだのが、鞆の浦だったと言ってもいいでしょう。

鞆の浦を拠点として瀬戸内海の流通路を押さえ、莫大な利益によって西日本の経済を掌握する、という狙いがあったはずです。

そして事実、信長政権と対抗できるだけの力を持つ幕府に成長したのです。

「鞆の浦幕府」の大名衆として、京極高成、武田信景、内藤如安《じょあん》、六角義尭、北畠具親など、室町時代以来の守護・守護代らの名前が記録されています。

彼らが鞆の浦に来たのは、義昭という将軍の力を頼ったからにほかなりません。

例えば、北畠具親は、天正五年（一五七七）から、義昭らと組んで北畠氏の再興を目指していました。しかし、信長はそれを阻止するため、次男である信勝を北畠氏の養子にします。

具親は信勝の攻撃を受け、鞆の浦に逃れてきたのでした。

ほかにも信長によって所領没収や追放処分を受けた大名家の関係者が、義昭を頼って鞆の浦に逃れてきています。それだけ、信長と義昭の力が拮抗《きっこう》していたという証左でし

よう。

彼らは鞆の浦に身を置きながら、自家の再興の機会をうかがっていたのです。

義昭を「日本国王」に奉じていた毛利氏

鞆の浦幕府には、関銭、津料以外に、豊かな財源があったと思われます。

定期的な収入は、毛利領内におかれた幕府直轄地からはいる税収でした。天正十八年（一五九〇）に行われた検地の記録によれば、千三百石にのぼる所領があり、これは毛利家の中規模以上の家臣の所領に相当します。

また、義昭は「鞆幕府」を維持するための独自の夫役《ぶやく》や普請役を、毛利氏を通して周防・長門両国の寺社領に課していました。これは「鞆夫」と呼ばれ、金銭で代納することもできました。

臨時的な収入としては、西国の大名などからの献上品や進物がありました。

また、前述したように、義昭は歴代将軍と同様に、京都五山、鎌倉五山など有力禅寺の住持の任命権を握っていました。住持の任命書のことを「公帖《こうじょう》（公文《くもん》）」といい、住

持になる僧はこれを得るために認可料（公帖銭）を払わなければなりません。
公帖銭もまた、義昭にとって重要な収入でした。

この五山禅寺の住持任命権と関連して、外交権の問題があります。

当時の有力寺院の僧は、漢文に長《た》けていましたから、東アジア外交に関わることも多くありました。義昭が五山禅寺の人事権を握っていたということは、歴代将軍と同様、東アジアとの外交権も握っていたと考えられるのです。

毛利氏は、対明貿易、対朝鮮貿易を行っていましたが、義昭を「日本国王」として奉じていたと思われます。

また、島津氏は琉球貿易を独占していましたが、それは将軍権力を背景とするものでした。その見返りとして、島津氏はたびたび義昭に進物を贈っていました。つまり、琉球についても義昭が外交権を握っていた可能性が高いのです。

豊かな収入と毛利氏の支援を得て、鞆の浦幕府は次第に信長に対抗するだけの軍事力を備えるようになります。

私は何度か、義昭が幕府を置いた鞆の浦の高台にある鞆城を訪ねました。

跡地は現在、歴史民俗資料館となっています。

高台に建つ城の優美な姿は、港からもよく眺められ、鞆幕府の盛況ぶりは潮待ちする者たちにもよくわかったことでしょう。

彼らは行き先々でその様子を伝え、義昭の威信を高めたと思われます。

つまり、義昭が鞆の浦に幕府を開いた天正四年（一五七六）から、本能寺の変が起こる天正十年（一五八二）までの六年間、財政面においても軍事面においても拮抗した勢力が、東西に存在したといっていいでしょう。

義昭の命を受けた毛利軍は「公儀軍」を名乗り、各地で戦いを繰り返しました。

そして四国の大半を押さえていた長宗我部《ちょうそかべ》元親《もとちか》も、信長の対四国戦略の変更により、天正九年（一五八一）に義昭側に回るのです。

再興を狙うのに十分な力を持っていた足利幕府と朝廷、そして反信長派の大名たち――大きな勢力が信長を包囲しており、光秀はその実行者に過ぎなかったのです。

こうした状況で、ついに天正十年を迎えたのでした。

なぜ「光秀怨恨説」は消えないのか

しかしながら、本能寺の変については長い間「光秀怨恨説」がとられてきました。

いったいなぜなのか。

理由の一つは、歌舞伎や人形浄瑠璃《じょうるり》などの題目として演じられ、わかりやすいストーリーが流布《るふ》したことにあります。

総じてこうした大衆演劇は、体制擁護になります。「赤穂浪士」の「松の廊下」の場面のように、朝廷や時の権力にとって都合よく、しかも庶民にわかりやすく描かれます。

権力者にとって、体制へのクーデターはあってはならないことです。

だからこそ、逆臣光秀が忠臣秀吉に討たれるという構図になりました。「本能寺の変」は、いわばわかりやすいスキャンダルとして、ワイドショー的に描かれてきたのです。

「民は由《よ》らしむべし　知らしむべからず」

江戸時代に流布したこのような考え方は、現代でもまったく変わっていません。

もう一つは、朝廷にとって都合が悪かったためだろうと思われます。

当時の誠仁親王は、このクーデターを事前に知っていたと考えられます。もしすでにこの時点で、誠仁親王が即位していたとすれば、天皇が信長殺しに関わっていたことになる――。

これは朝廷の存続に関わる大変な汚点です。

改ざんされた『兼見卿記』

朝廷が都合の悪い当時の資料をことごとく消そうとした跡があります。

『御湯殿上日記』という、御所に仕える女官たちによって書き継がれた、当番日誌のような記録があります。

この記録が、本能寺の変の前後、天正十年（一五八二）一月から数カ月間、ごっそり消えているのです。何かを隠そうとしているのは明白です。

また、吉田兼見の日記『兼見卿記』は、天正十年の日記だけが書き換えられています。であれば、以前のものは焼くなどすればよいのに、なぜか別本として残っていて、二種類の日記を読み比べれば、何を隠そうとしているかは明らかです。

兼和が書き換えた一例をご紹介しましょう。
本能寺の変後の六月六日、勧修寺晴豊《かじゅうじはれとよ》とともに参内し、誠仁親王から使者として明智光秀（日向守）のもとに下るように命じられた時の件《くだり》です。改ざん前である「別本」と改ざん後である「正本」の同じ箇所を、比較してみましょう。

【別本・改ざん前】
日向守へ御使いのためまかり下り、京都の儀別儀なきのよう、堅く申し付くべきの旨仰せなり

【正本・改ざん後】
日向守へ御使いのため下るべきの仰せなり。かしこまるの由申し入る

変のわずか四日後に、誠仁親王が光秀に京都の守護を依頼したのは、事前に連絡があったからとしか思えません。

しかし、「正本」では「京都の儀」のくだりが、そっくり削除されています。誠仁親王が光秀と通じていたという事実を隠そうとしたのです。

『天正十年夏記』に記された「非挙」

公家である勧修寺晴豊の日記『晴豊公記』もまた、天正十年（一五八二）四月～九月の分がすっぽりと抜け落ちていました。

ところが、昭和四十三年（一九六八）になって、別に保管されていた『天正十年夏記』が、その抜け落ちていた部分であることがわかったのです。

そこには、三職推任問題などについて記されていました。

そして、「本能寺の変」について、晴豊は「近衛公の非挙かぎりなし」と記しているのです。「非挙」とはあやまった行いという意味でしょう。

晴豊は前久たちの陰謀に加わってはいませんでしたが、何をしようとしていたかは知っていたのです。

朝廷も一枚岩ではありません。朝廷全体の総意ではなく、誠仁親王、前久グループが

こうした事態を引き起こしたのだということがわかる記述なのです。

また、山崎の戦いの後に敗走、洛中引き回しの上、打ち首になった光秀の家臣斎藤利三については、「信長討ち談合の衆」と記されています。

信長を討つための談合が行われていたのですから、「光秀単独説」はありえないことは明白です。

こうした、改ざんと隠蔽とごまかしが、朝廷を守るために必死で行われ続けていたのです。

本能寺の変の後、鍵となる人物の素早い動きを見ても、事前に計画を知っていたとしか思えません。

先ほど述べた、紀伊国雑賀の土橋重治もその一人です。

また、若狭の守護大名武田元明は、変の直後に近江へ侵攻し、丹羽長秀の佐和山城を陥落させました。近江の京極高次は、六月四、五日に羽柴秀吉の居城である長浜城を攻めています。

当然ながら戦いには、兵も集めなければなりませんし武器も必要です。こうした素早

い動きは、あらかじめ指示がなければできるはずがないのです。

なぜ秀吉だけが迷わず光秀を討てたのか

本能寺の変の後、秀吉が備中高松から京に戻るまでのおよそ十日間、畿内周辺にいた信長の一門衆、重臣たちの動きには大きな謎が残ります。

光秀を討とうとした者は、なぜいなかったのでしょうか。信長の息子たちは、そのときどう動いたのでしょう。

本能寺で信長が殺された知らせを受けると、織田家の家督を継いでいた信忠は滞在していた京都の寺から、京都所司代を務めていた村井貞勝らとともに二条城に移りました。誠仁親王の住まいである二条城に立てこもり、襲撃してくる光秀軍と戦おうとしたのです。

『多聞院日記』によれば、このとき信忠は誠仁親王に対して、「殺すのではないか」というほどの勢いで詰め寄ったというのです。

信忠が、そんなにも激しく誠仁親王に詰め寄る理由は、一つしかありません。

誠仁親王が光秀と共謀していると知っていた――ということです。

誠仁親王を人質にとって光秀と交渉すれば、信忠の命は助かったのではないかと思います。しかし信忠は、村井の説得により誠仁親王を城から脱出させた後、自刃したとされています。

私は、誠仁親王を人質に取ろうとした信忠を、村井が殺したのではないかと考えています。

村井には、「天皇を人質に取るなど、武士として絶対にしてはいけない」という信念があり、誠仁親王を守った後に二条城で信忠に殉じたのでしょう。

三男の信孝は、六月二日に出発する予定の四国遠征軍総大将として、大坂にいました。四国遠征軍ですから総勢三万という堂々たる規模です。十分に光秀軍と戦えるはずですが、本能寺の変の知らせを受けると、兵は散り散りになり、八千人しか残らなかったといわれています。

大坂城にいた光秀の娘婿である津田信澄を、六月五日に殺すのが精一杯でした。信澄は光秀と組んではいなかったようですが、光秀側として決起されるのを防ごうとしたの

でしょう。

もう一人、次男信雄は伊勢にいました。

三重の鈴鹿から山越えをし、近江までは進軍するのですが、それ以上は動くことができませんでした。伊賀などで国衆が蜂起する恐れがあったからだといいます。

一方、家臣たちの動きはどうだったか。

越前にいた柴田勝家は、六月九日に知らせを聞いて北庄城に戻りますが、そこから動きを見せません。佐々《さつさ》成政《なりまさ》、前田利家にも居城に戻るように命じています。

勝家は必死で大坂の四国遠征軍と連絡を取ろうとします。しかし、北庄から琵琶湖に出る近江路は光秀側に完全に封鎖されていました。

これもまた、光秀の謀反が計画的なものだったという証拠といえます。事前に指示がなければ、そんなに早く封鎖できるはずがないからです。

ともかく、近江路が封鎖されているため、勝家は若狭にいる丹羽家の家臣に依頼し、周山街道ルートで大坂の信孝軍と連絡を取っています。

それでも、勝家は動けませんでした。

なぜか。この時点では、いったい誰が光秀に通じているかわからなかったからです。

実際、本能寺の変の直後、武田元明と京極高次は光秀に通じ、騒動に乗じて佐和山城や長浜城を攻め取っています。

勝家がもし城を離れれば、同じように誰かが攻めてくる可能性はおおいにありました。こうして多くの大名が、状況がわからずに動けないでいる中を、秀吉だけがさっそうと備中高松から戻り、光秀を討つのです。

これはやはり、事前に周到な準備があったとしか考えられません。

光秀軍を討ち、天下取りへ

計画の中心にいたと考えられる近衛前久は、その後どう生きたのでしょうか。前久は、「本能寺の変」の直後に出家して「龍山」と号しています。

信長の死を悼んでのことと解されがちですが、身の潔白を印象づけるためのパフォーマンスとしか思えません。

変の当日、自邸に明智軍を引き入れ、信忠が立てこもっている二条城を攻撃させたう

えに、七日には誠仁親王に樽酒を献上し、ともに酒宴を張っているのです。

これが信長を討ち果たした祝いの酒宴であったことは間違いないでしょう。

ところが数日後、前久が予想もしていなかった事態が起こります。

備中高松で毛利勢と戦っていた秀吉勢が、「中国大返し」の離れ業を演じ、十三日の山崎の合戦において明智勢を打ち破ったのです。

おそらく前久は、秀吉も計画に抱き込もうとしたはずです。

光秀が首尾よく信長を討ったとしても、大坂には信孝を総大将とする四国遠征軍が三万人もいたのです。もしもこの軍勢が光秀軍に立ち向かってきたなら計略は瓦解する。前久はそれを恐れていたはずです。

そこで秀吉に密使を送って仲間に引き入れようとしました。

秀吉は一旦これに応じた。あるいは応じるふりをして、「光秀軍を討てば天下が転がり込んでくる」と算盤をはじき、「中国大返し」を実現する準備をしていたと思われます。

しかし前久のこうした「非挙」に気づいている者がいました。

信長の三男信孝です。

信孝は洛中に触れを出して前久の行方を捜し、嵯峨に隠れていることがわかると討手を差し向けています。

しかし前久はいち早く醍醐に逃れ、十一月には徳川家康を頼って遠州へと落ち延びました。

万事休すの前久ですが、そのまま終わるような柔《やわ》ではありません。

翌年九月、家康のとりなしで帰洛した前久は、天正十三年（一五八五）七月に秀吉を猶子として関白職に就かせ、「中央政界」に返り咲くのです。

さらに翌年には、娘の前子《さきこ》を関白秀吉の養女とし、後陽成天皇の女御として入内させています。

「本能寺の変」で手を汚した二人が、互いの利益のために手を結び、変の真相を徹底して闇に葬ったのです。

信長は懸命に下剋上の道を駆け上がり、朝廷の上位に立って絶対君主となろうとしましたが、秀吉は朝廷と手を結び、その権威を丸ごと利用することで天下統一を成し遂げ

ました。

前久が他界したのは、慶長十七年（一六一二）五月のことでした。行年七十七。関ヶ原の合戦で大坂方が大敗し、徳川幕府が禁教令を発布したのを見届けてからの遠行でした。

亡くなる前に、前久の脳裏をよぎったのはどんな思いだったのでしょうか。

第二章 謎だらけの明智光秀

本能寺の変当時、光秀は六十七歳!?

明智光秀は、名前がよく知られているわりに謎が多い人物です。生年さえも、よくわかっていません。『明智軍記』などによると、享禄元年（一五二八）生まれであり、「本能寺の変」の年には五十五歳。しかし、『当代記』には六十七歳とあり、永正十三年（一五一六）生まれとなります。

六十七歳にして、あの大事件を起こすというのは、ちょっと歳をとりすぎている感じがしてしまいます。また、娘である細川玉子（ガラシャ）は永禄六年（一五六三）生まれなので、四十七歳で授かったということになります。当時としてはかなり高齢です。

しかし史料としての信頼性は『当代記』のほうが高く、六十七歳説を私は捨てきれないのです。

最近、光秀に関するもっとも古い史料「米田《こめだ》家文書」が発見されています。

それによると、光秀は、永禄九年（一五六六）以前に、近江田中城（滋賀県高島市）に籠城していたことがわかります。田中城城主の田中氏は、幕府奉公衆に属しており、

光秀も義輝に仕えた幕府衆の一員として籠城したのです。

これは義輝が三好三人衆に暗殺された後のことと考えられていますが、興味深いのはこの書状に「沼田勘解由左衛門尉《かげゆざえもんのじょう》　殿大事に相伝し」と記されていることです。

この人物は、細川藤孝の妻麝香《じゃこう》の父沼田光兼の一族である沼田勘解由左衛門尉清延であろうと思われます。

また書状を写した米田貞能《さだよし》（求政）は、後に細川家の家老になっています。

つまりこのころから、光秀は藤孝をめぐる人脈とつながっていたということです。

足利義輝・義昭に仕えた幕府役人の名を記録した『永禄六年諸役人附』という史料に、「足軽」として「明智」の姓があります。この「明智」が、光秀を指すと思われます。

光秀は将軍の奉公衆として仕えていたころ、藤孝らと親交を結び、義輝が暗殺されたために田中城に籠城したのでしょう。

その後田中城を退却して浪人となり、諸国を放浪した末に越前一乗谷の朝倉義景に仕えます。

そこへ、朝倉を頼って足利義昭が逃げてくる。これ以降、光秀は義輝の弟である義昭

に仕えるようになったのでしょう。

信長と義昭の両方に仕えた光秀

永禄十一年（一五六八）七月、信長は美濃の立政寺（岐阜市）に義昭の一行を迎えます。この対面を実現させたのも、義昭の側近細川藤孝と明智光秀といわれています。

同年九月七日、信長は、義昭を奉じて上洛を果たすために、五万の軍勢を率いて岐阜城を出発します。

近江観音寺城で迎え討とうとした六角義賢は、その軍勢に恐れをなして甲賀へと敗走。十四代将軍義栄を擁立していた三好三人衆も何の抵抗もできませんでした。

信長軍の入洛が目前になったころ、朝廷はあらかじめ綸旨を出しています。

その要点は三点です。

一・信長の上洛を天皇も了承していること

二・軍勢による洛中での乱暴、略奪の禁止

三．内裏と周辺の警固を依頼すること

　これは朝廷が先手を打って出したものか、信長が求めたものかはわかりません。しかし、信長の力を、朝廷ももはや認めざるを得なくなっていたことははっきりとしています。

　信長は入洛し、畿内を平定。十月二十二日、義昭が十五代将軍に任官します。

　光秀は入洛直後、信長から京都奉行の一人に任命されました。一方で、義昭の側近衆としても頭角を現します。

　光秀は才覚抜群であり、有職故実、和歌などの古典的教養を身につけていました。義輝、義昭に仕えながら、そうした修練を積む環境にいたのです。

　上層階級との交友関係も広く、吉田兼和、連歌師であった里村紹巴《さとむらじょうは》らとも親しかったといいます。里村紹巴と近衛前久は親しい関係にあり、光秀と近衛前久は紹巴を通じてつながったのではないでしょうか。

　信長に仕えながらも、信長が抱く革命思想は心の底からは受け入れられなかったはず

です。改革派にはなるかもしれないが、根底からひっくり返すという発想は持てない。
六十七歳だったとすれば、なおさらでしょう。

西日本に勢力を伸ばした義昭

信長は義昭を奉じて足利幕府を再興しますが、次第に二人の関係に亀裂が入ってゆきます。

義昭は「傀儡」であることに甘んじるような、凡庸な人物ではありませんでした。浅井や朝倉、大坂本願寺などに「信長包囲網」を呼び掛けるのです。

そしてついに元亀四年（一五七三）七月には、槇島城に立てこもり、信長に反旗を翻します。しかし、信長が攻めると抵抗もできず、若江城に落ち延びます。

ここに足利幕府は実権を失い、信長は天下人の座につく道が開けたのです。

元号は「天正」となりました。

第一章でも書いたように、歴史の教科書などでは、義昭が追放された時点をもって「足利幕府滅亡」とされてきました。しかし、実際には京は離れたものの、その後も義

昭は将軍としての権威を持ち続けていたのです。

なぜ天正元年をもって「幕府滅亡」とされ、将軍義昭は過小評価され続けてきたのか。

それは徳川幕府にとって都合の悪い史実だからではないかと思います。

徳川家康は信長とともに義昭と戦っています。

これは主君への忠義を第一とする儒教の教えに背く行動ですから、外様大名などが「家康がそんなことをしたのなら、徳川幕府と戦ってもいいではないか。幕府は倒してもいいのだ」と言い出したなら、これに反論することができなくなります。

それを危惧した幕府の儒者が、義昭が若江城に落ち延びた時点で幕府は滅びたということにしたのではないでしょうか。

ともあれ、その後義昭は紀伊の反信長勢力を訪ねたり、熊野本宮の衆徒や熊野那智大社へ協力を促す文書を送っています。

しかし、天正三年（一五七五）四月に三好康長が信長に降伏し、五月には武田勝頼が長篠の戦いで織田・徳川連合軍に惨敗。八月には越前一向一揆が鎮圧され、十月には大坂本願寺が信長と和議を結んでしまいます。

信長包囲網がほぼ壊滅し、義昭は毛利の領国である備後国鞆の浦へ移る決断をするのです。

しかし、それでも足利幕府「滅亡」とはいえません。義昭は毛利輝元を副将軍として鞆の浦で幕府を開いているのです。

当時の西日本は、毛利氏と豊後の大友氏、薩摩の島津氏が対立していましたが、義昭が鞆の浦に移ったことで、島津を従わせる体制が整いました。

島津が天正六年（一五七八）に耳川の戦いで大友を打ち破ったのは、義昭の要請によるものだといわれています。

この勝利によって、西日本のほぼ全域が、義昭の号令の及ぶ地域になったのです。これに四国をほぼ制圧していた長宗我部が加わったのですから、東西の勢力は拮抗した状況になっていたのです。

足利幕府はすでに滅亡し、「織田信長はもはや天下統一寸前だった」とするのは、見直すべきだと思います。まだまだ幕府は力を持っていた、そして信長へのさまざまな「抵抗勢力」も強力だったのです。

このような拮抗した状況を、一気に解決する手段がありました。

それは信長が将軍になることです。「三職推任」に応じて信長が将軍になれば、義昭の将軍職は無効になる。すなわち、西日本の足利幕府勢力圏は瓦解してしまいます。

それを阻止しようという動きが起こるのは、必然でした。

異例の出世を遂げたエリート光秀

一方、光秀は義昭が京を去って以降、信長のみに仕えるようになります。

元亀元年（一五七〇）の「金ヶ崎の戦い」で、信長軍が撤退するとき、しんがりを秀吉が務めた話は有名です。しかし、実は光秀も務めており、戦の手腕もあったと思われます。

天正三年（一五七五）の丹波平定の際には、大将を任されていますし、戦略、戦術両面できちんとできる人だったのでしょう。

光秀は、現代社会でいえば、他社から引き抜かれ、異例のスピードで大出世し、副社長のポストに就いたようなものです。周囲の嫉妬はかなりあったでしょう。

実際、「本能寺の変」の後、柴田勝家が出した書状に、「あんなに重用されたのに裏切るなんて許せない」というような主旨の文章があります。信長に重用されたことで、重臣の中で孤立を深めていたのかもしれません。

天正八年（一五八〇）、光秀が定めたとされる「明智光秀家中軍法」という文書が残っています。十八条に及ぶ、戦争についての規定であり、陣地での静粛、守秘など、軍の規律を定めたもので、光秀の几帳面な性格がにじみ出ています。

特に、むすびの文章には胸を打たれるものがあります。

> （信長様に）落ちぶれた身から拾ってもらった者（光秀自身）が、莫大な軍勢を任されたからには、乱れた法度《はっと》だと、武功がない人間だとか、国家の穀潰しで公務を怠っている、と嘲笑されて方々に苦労をかけてしまう。抜群の活躍をみせれば、速やかに信長様のお耳に入ることだろう
>
> （『図説　明智光秀』柴　裕之）

これが光秀の本音であれば、「信長に引き上げてもらった」という思いはあったので

しょう。しかし同時に、「期待に応えねば」という強烈なストレスも感じていたのではないでしょうか。

当時の主従関係は、儒教的に固定された江戸時代と違い、契約のようなものでした。実際に光秀も主君を何回か変えているのですが、契約関係だからこそ、「結果を出さなければ立場はすぐ崩れる」という緊張感があったと思われます。

長宗我部元親と光秀

信長の家臣となった永禄十一年（一五六八）から「本能寺の変」の天正十年（一五八二）までは十四年。主従関係としてはさほど長くはありません。

しかも、天正元年（一五七三）まで光秀は義昭にも仕えていますから、「専任」としては九年間です。信長の気性を考えると、光秀の中に積もりに積もった鬱屈があったように思います。

光秀が「打倒信長」へと傾いていくきっかけになったと思われる、いくつかの事件がありました。

一つは、四国問題です。

信長は三好三人衆に対抗するために、土佐の長宗我部元親と同盟を結びました。天正六年（一五七八）には、信長が烏帽子親として元親の子どもに一字を与え、「信親」と名乗ることを許しています。

それに光秀と長宗我部の間も親密です。

光秀の重臣斎藤利三の実兄が石谷家に養子に入り、その義理の妹が元親に嫁いでいるという縁がありました。そのために光秀が、信長と元親の仲介役を果たすようになりました。

こうした状況が、天正九年（一五八一）に一変します。信長は元親に、「三好康長の子を援助して、阿波の支配を行うように」と命じたのです。

その背景には秀吉の策略がありました。

水軍力を持つ三好氏に近づきたかった秀吉は、甥の秀次を三好康長の養子にしています。そして信長に働きかけ、「親長宗我部路線」から、「親三好路線」に転換するように持ち掛けたのです。

長宗我部としては、三好氏の旧領である阿波、讃岐を差し出すことによって、信長と和解をはかるつもりでした。しかし、「吉野川の南に位置する一宮城と夷山城《えびすやまじょう》だけは残してもらいたい」という要望を出します。

土佐の防衛に欠かせない拠点なので、二つの城を奪われるなら戦争も辞さない。元親がそう言ったという記録が、『石谷家文書』の中にあります。

この点が交渉の焦点であり、光秀は信長と元親の間に入って苦心したことでしょう。光秀は信長を説得しようとし、ぎりぎりの交渉を数カ月間続けました。

結局、天正十年（一五八二）五月、信長は息子の信孝を総大将とした四国遠征軍を編制し、元親を武力で押さえ込もうとするのです。

光秀にとっては胃の痛くなるような数カ月間であり、その背景には秀吉の画策《かくさく》があったのです。光秀の怒りはいかほどだったでしょうか。

エリートゆえのクーデターか？

そんなときに信長は、徳川家康を接待するように光秀に命じます。これが二つめのき

っかけです。

同年五月十五日、信長は武田攻めの功労者である家康を安土城で歓待します。このとき光秀は満を持して接待役を務めます。

ところが十七日になって、またしてもプライドを傷つけられる事件が起こります。秀吉を支援するために備中に行くように命じられるのです。

光秀は異例の出世を遂げ、信長の片腕、ナンバー2のような立場です。

当然、秀吉より自分が上だと思っていたでしょうから、この命令はショックだったでしょう。

しかもこの時期、光秀は西国への転封を命じられていたという説もあります。

四国問題、家康の接待、秀吉の援軍、そして転封。立て続けに起きた光秀の心を傷つける出来事によって、「この人には、もうついていけない」という思いが起きたとしてもおかしくはありません。

もともとが忠誠心というよりも、契約で結びついた関係です。優秀であり、性格もまじめな光秀は、信長に与えられたミッションを完璧にこなし続けてきました。

その張りつめていた糸が切れたのです。同時に、「もはや信長に見限られた」という思いもあったでしょう。

そのような時期に、かつての主である将軍義昭から「クーデター」を持ち掛けられたとしたら――。

足利幕府は西国で今も勢力を保っており、そもそも光秀は幕府側の人間です。

しかも近衛前久から、朝廷を守るために信長を討てという「勅命」が下っていたとしたら、それこそが正義だと判断したのは無理もないことでしょう。

天皇、将軍の序列に従った足利幕府の復興。それこそが前久や義昭の目標であり、光秀もついにその説得に応じました。

そのことを示す文書があります。

光秀が六月九日付で細川藤孝に協力を求めるために送ったもので、『細川家文書』に収録されています。

その第三条は次のとおりです。

一、我ら不慮の儀存じ立ち候事、忠興など取り立て申すべきとての儀に候、更に別条なく候、五十日・百日のうちには、近国の儀あい固むべく候間、それ以後は、十五郎・与一郎《忠興》など引き渡し申し候て、何事も存ずまじく候、委細両人申さるべき事、（以下略）

（『明智光秀伝』藤田達生）

今度の企ては細川忠興などを取り立てるために起こしたもので、五十日・百日の間には畿内近国を治めるので、その後は嫡男の十五郎や与一郎（忠興）に任せて、自分は一切関与しないつもりである。

光秀はそう記しているのです。

これは十五郎や忠興を天下人にするのではなく、二人を将軍の側近に取り立てるという意味ですから、光秀の念頭に足利幕府の復興があったことは間違いないと思います。

決して藤孝を身方にするための方便ではなく、九年前まで幕府を支えてきた同志に、本心を打ち明けて協力を求めているのでしょう。

もし光秀が『当代記』に記された通り六十七歳であったなら、この訴えはいっそう切実です。

ところが藤孝は、この書状を冷ややかに無視しました。すでにこの時点で（実はずっと前から）、秀吉と通じて光秀を捨て駒にする計略を立てていたのでした。

なぜ「六月二日」だったのか

「本能寺の変」が起こったのは、天正十年（一五八二）六月二日未明のことでした。なぜ六月二日だったのか――。

従来は鬱屈がたまりにたまった光秀が、たまたまこの日にことを起こしたといわれてきました。しかし、「六月二日」は、クーデター計画を起こした人間たちにとって重要な意味がありました。

いわば、「この日しかなかった」のです。

まずは光秀を悩ませてきた、四国問題です。

信長はついに息子信孝に、四国攻撃を命じたのです。信孝を総大将とする四国遠征軍

は大坂に結集し、まさに六月二日に出陣しようとしていました。

また、「三職推任問題」に対して、信長は六月二日から四日までに回答を示す予定だった可能性が高いのです。

信長はどのポストを選ぶつもりだったのでしょうか。

勧修寺晴豊の『天正十年夏記』には、朝廷の意向としては「関東討ち果たし」、つまり武田氏を討った功績によって、将軍に任官してもよいと信長に伝えたことが記されています。今となっては信長の意向はわかりませんが、側近く仕えていた光秀はこうした情報をキャッチしていたことでしょう。

もし信長が将軍職を選んだとすれば、事実上義昭の将軍解任となってしまう。

義昭側についた光秀としては、クーデターは「信長が将軍を選ぶ」前でなければなりませんでした。

秀吉のペースで結着した山崎の戦い

光秀は本能寺の変の後、安土城に入りました。

そして、安土城に蓄えられていた信長の財宝を、家臣に惜しげもなく分け与えました。信長が天下を駆け上り、積み重ねてきたものを否定するかのようです。

その後、朝廷からの承認を得るために七日まで勅使の到着を待ちました。この五日間が光秀にとって、裏目に出ました。

このとき信長の主な家臣たちは、みな遠方にいるという油断があったのでしょう。信孝は四国遠征軍を組織して大坂、滝川一益は旧武田領を治めるために関東、柴田勝家は越中で上杉軍と対峙《たいじ》中。そして、秀吉は備中高松におりました。

変の知らせが伝わったとしても、彼らが攻めてくるにはかなりの時間がかかると考えていたとしても不思議ではありません。

ところが、秀吉が「中国大返し」で備中から畿内まで二百キロメートルもある道のりを、わずか十日で戻ってきます。

秀吉の軍と光秀の軍は、山崎（京都府乙訓郡大山崎町）で対決することになります。

兵力に劣る光秀方は、秀吉軍より有利な位置を確保するために天王山を奪取する必要がありました。

十三日夕刻、天王山で両軍は激突。秀吉軍が圧勝しました。

敗れた光秀は勝龍寺城（京都府長岡京市）に入り、夜に紛れて坂本城へ逃れようとしましたが、落ち武者狩りをしていた土民によって討たれたと伝えられています。

一方、徳川家康も軍勢を集めて光秀を討とうとしますが、尾張国鳴海まで進軍したとき、秀吉の使いが来ました。

「すでに光秀は討ち取り、すべて終わりました。お引き取りを」

そう伝えたのです。

家康の悔しさが手に取るようにわかります。

本能寺の変後は、すべてが秀吉のペースです。

秀吉は「本能寺」を知っていた!?

十四日、山崎の合戦で勝った秀吉軍が、鳥羽のあたりにさしかかったところで勅使が派遣され、秀吉と信孝に刀を授けています。

朝廷公認の軍勢であると保証したのです。

本能寺の変の後、誠仁親王は安土城にいた光秀に吉田兼和を勅使として送り、洛中の平安を保つように命じています。

ところが光秀が負けたとなると、とたんに秀吉に鞍替えしているのです。

これは、近衛前久、誠仁親王、吉田兼和、細川幽斎らの策謀を秀吉がすべて知っており、弱みを握って脅していたからとしか思えません。

そして彼らは光秀一人に罪をかぶせ、ことを終わらせようとしたのです。

しかし、どうして秀吉だけが、こうした迅速な対応を取ることができたのでしょうか。

秀吉は本能寺の変の後、急遽毛利氏と和睦をはかり、中国大返しを敢行して信長の「仇を討った」忠臣ということになっています。

しかし、さまざまな事実を突き合わせると、秀吉は計画を知っていたとしか思えないのです。

「本能寺の変」が起きた直後は、誰が身方で誰が敵なのかわからない状態でした。だからこそ、うかつには動けません。

柴田勝家、佐々成政、前田利家らも、自分の城から動けませんでした。

本能寺の変直後の秀吉の動き

2日未明	本能寺の変で信長自害
4日	秀吉が信長の死を知り、毛利側と和睦
5～6日	高松の陣を引き揚げて姫路城へ向かう
7～8日	大雨
9～10日	明石到着後、兵庫へ
10～11日	兵庫を出発して尼崎・富田へ、池田恒興や高山右近らと合流
13日	山崎の戦いで明智光秀に勝利

備中高松で毛利氏と戦っていた秀吉は、六月四日には毛利氏と和睦をし、畿内に引き返します。

この時期は雨が多く、七日、八日は大雨が降ったという記録があります。

大雨の中の行軍は非常に困難なことです。雨で弾薬を濡らす恐れもありますし、川が増水して渡れない可能性もあります。

その中を秀吉は帰ってくるのです。弾薬だけは船で運んだという説もありますが、あらかじめ手筈を整えていないとそんなことはできません。

また、変の後、秀吉の長浜城の留守居役たちが三日には逃げ出していたという記録が残っています。

主君から城の留守を命じられているのに、勝手に逃げ出すことはできません。ですから逃げたのは、

秀吉があらかじめ許可を出していたからとしか思えないのです。

このころ秀吉も、光秀と同じように転封を恐れていたと思われます。九州平定を命じられる可能性もあり、信長についていけない思いが高じていたかもしれません。

このとき秀吉は四十六歳。先が見えてくる年齢でもありました。

あらかじめ、前久や光秀たちの計画を知った秀吉は、計画を阻止するのではなく、その実行を待っていた。

そして黒田官兵衛が持つキリシタンネットワークを駆使し、自分が天下人となる――。一か八かの賭けに出たのだと思います。

五百の鉄砲を秀吉に貸した毛利

「中国大返し」の際、信長の死を知った毛利氏は、追撃するどころか秀吉に五百挺の鉄砲と三十流の旗を貸したと『東照宮御実紀』に記されています。

> 忽《たちまち》に和をむすび。毛利より旗三十流鉄砲五百挺かりうけ。そのうへ輝元が人質と

つて引かへし。

そんな馬鹿なと思われる方も多いかもしれませんが、これが事実であったことを示す文書があります。

天正十年（一五八二）六月八日付、松井康之（細川家重臣）宛杉若無心副状写（『松井家譜』）で、その一部を読み下しでご紹介します。

西国表の儀、存分のまま、両川（吉川・小早川）人質定ふに相定め、三ヶ国相渡され、去る六日に姫路に至り、秀吉馬を収められ候

杉若無心とは秀吉の側近で、彼が秀吉の意向を細川家の重臣である松井康之に伝えた時のものです。

吉川元春、小早川隆景から人質を取り、三ヶ国（備中、美作《みまさか》、伯耆《ほうき》）も受け取って、六月六日に意気揚々と姫路城に凱旋した秀吉の様子を伝えています。

『東照宮御実紀』はこうした文書を参考にして編纂《へんさん》されたはずで、旗三十流、鉄砲五百挺を借りたという記述も正しいと考えられます。

毛利としては秀吉に恩を売る形にはなりますが、旗や鉄砲を渡し、人質まで差し出すとはどうにも納得がいきません。

その理由として、毛利が「幕府・朝廷復興派」から、秀吉、官兵衛らの「キリシタン大名派」に寝返ったのではないかという説を前述しました。

その裏付けとなる文書を、藤田達生教授が『歴史街道』（PHP研究所）二〇一八年七月号に「毛利が動かなかった本当の理由」と題して紹介しています。

毛利家の家臣であった玉木吉保が自叙伝として記した『身《み》自鏡《のかがみ》』という史料で、本能寺の変の知らせがもたらされた直後の秀吉と毛利方との交渉について記されています。

その中に、「毛利氏重臣のうち秀吉方に通じていない者は五人に過ぎない」という意味の一節があるのです。

五人だけというのはオーバーに聞こえますが、毛利はキリシタンが多い家中です。官兵衛のゴッドファザーとしての力をもってすれば、切り崩して身方に引き入れるのは難

しいことではなかったのかもしれません。

さらに衝撃的なのは、「毛利殿御謀言《おんはかりごと》不浅《あさからざる》故《ゆえ》に、信長既に果て給ふ」という一節です。これは、「毛利輝元殿のご計略が深かったために、信長が討たれてしまった」という意味です。

つまり輝元が義昭を動かし、光秀を使って信長を討ったということでしょう。しかも秀吉は、そのトップシークレットを知っていたというのです。

こうした史料を読み解いていくと、弱みを握られた毛利氏は秀吉との講和を受け入れざるを得なかった。

そこには長期戦による消耗と、重臣を切り崩された組織の弱体化もあったかもしれません。さらにイエズス会やスペインの支援を得ている秀吉が、光秀に勝利するであろうという読みもあったでしょう。

それに南蛮貿易によって石見銀山の銀を売りさばいている毛利家にとって、イエズス会との関係を保つことは死活的に重要です。

そこで秀吉の軍門に下る証《あかし》として武器と旗と人質を渡したのではないでしょうか。

それにしても気の毒なのは明智光秀です。

光秀は細川藤孝も幕府復興派だと信じ、何くれとなく相談していたはずです。

六月九日に藤孝にあてた書状の第一条が、その胸中を如実に表しています。

> 一・御父子《細川藤孝・忠興》もとゆゐ御払い候由、もっとも余儀なく候、一旦我ら《光秀》も腹立ち候へども、思案候ほど、かやうにあるべきと存じ候、しかりといえども、この上者《は》大身を出され候て御入魂希むところに候事、
>
> （『明智光秀伝』藤田達生）

身方と信じ、それ相応のやり取りもあったからこそ、信長を悼むなどと言って髷《まげ》を切った藤孝父子に腹を立てたのです。

しかし思い直し、出陣してくれるように懇願しているのですが、この時すでに藤孝は秀吉から『松井家譜』に収録された前記の書状を受け取っているのです。

杉若無心の書状の後半には、松井康之と秀吉の弟秀長は昵懇《じっこん》の間柄なので、万事粗略にはしないと記されています。

この二人は藤孝と秀吉の名代として、本能寺の変の前から緊密に連絡を取り合い、信長が光秀に討たれる日を待っていたものと思われます。

日明講和に同席するイエズス会宣教師

山崎の戦いで明智軍を倒し、天下の覇者となった秀吉は、基本的に信長の構想を踏襲しています。

しかし豊臣政権を作り上げたものの、コントロールすることはできませんでした。その結果が、文禄元年（一五九二）と慶長二年（一五九七）に行われた朝鮮への出兵です。

なぜ無謀な出兵をしたのか。その理由はいまだにわかっておらず、秀吉の狂気のように描かれたりしますが、これは天正十年（一五八二）の政変のおり、秀吉がスペインからの援助を受けることと引き換えに約束したからだと思います。

秀吉はイエズス会とスペインの援助があって、天下を取ることができたのです。

天正十四年（一五八六）にはイエズス会の宣教師に会い、「明国をキリスト教国にするために征服する」と明言しています。

イエズス会はこれに応じ、最新の軍艦二隻を売り渡すと約束します。ところが九州征伐時に秀吉が売却を求めたところ、ポルトガルの海軍が反対したために実行することができませんでした。

激怒した秀吉は、イエズス会に圧力をかけます。それが、天正十五年（一五八七）のバテレン追放令です。

秀吉は、「宣教師は一カ月以内に日本から出ていくように」と命じ、それを撤回させたいなら約束を果たせと言って、なんとか軍艦を買い入れようとしたのです。

しかしいくら圧力をかけられても、軍が首を縦に振らなければイエズス会としてはどうしようもありませんでした。

明国出兵を約束した天正十四年当時、「太陽の沈まぬ帝国」となったスペインからの援助があれば勝てる見込みがあったでしょう。

しかし、一五八八年、スペインはドーバー海峡での海戦でイギリスに大敗し、無敵艦隊の三分の二を失ってしまいました。

ところが自国に不利な情報を日本に知らせなかったために、秀吉はこの事実を知らな

いまま文禄元年（一五九二）に出兵を強行。多大な犠牲を払った末に撤退せざるを得なくなります。

イエズス会が朝鮮出兵に関わっていたことを示す、一枚の絵があります。『肥前名護屋城図屏風』（佐賀県立名護屋城博物館所蔵）です。

講和のために明国の勅使が訪れた様子を描いたこの絵の中に、宣教師の装束をした一行が同行しているのです。

イエズス会の宣教師としか思えない彼らが、なぜ日本と明国の講和の場に同席するのでしょうか。それは彼らが出兵に深く関わっていたからとしか思えません。

こうした史実が「鎖国史観」によって隠されているために、「朝鮮出兵」が秀吉の奇行のように解釈されてしまっているのです。

第三章 革命家信長の光と闇

裏切りを呼ぶ男信長

信長が生きた「大航海時代」と日本の社会状況、そして本能寺の変に至るまでの人々の思惑と人間関係を記してきました。

天皇を超える「太上天皇」になろうとした信長に対して、朝廷と足利幕府の再興を狙った近衛前久。

信長に仕えながらも「忠誠心」を持ち切れず、もともと身を置いていた幕府勢力についた明智光秀。

信長打倒計画を知りながら防ごうとはせず、その計画を利用し、キリシタン勢力と組んで天下を取ろうとした豊臣秀吉。

策略と裏切りに満ちた、「本能寺の変」前夜の日本の空気が浮かんできます。

実際、信長ほど家臣に裏切られた人物は珍しいのではないでしょうか。弟の信勝（信行）、若き日の柴田勝家、浅井長政、荒木村重、松永弾正——。

信長の人生は、数えきれない裏切りとの闘いだったといってもいいと思います。

その要因として、信長の主張の激しさがあります。

頭がよすぎて、自分の考えについてこれない人間は許せない、分るやつだけ取り立てるというタイプです。しかも相手の感情に無頓着なところがありました。

自分が超合理主義者ですから、感情の機微にうといところがあるのです。

裏切った者たちにもおおいに言い分はあるのですが、信長はそれを察することができませんでした。

前久は公家であり、中臣鎌足の流れを汲む名門の生まれです。脈々と続いてきた朝廷と藤原家の関係を壊す、信長「太上天皇」が許せるわけはないのです。

合理主義者信長は天皇制の「非合理性」を甘く見ていました。そして、前久が内心反対していることを感じつつ、なんと前久のライバルに自分の養女を嫁がせてしまう。

将軍足利義昭は信長に奉じられたものの、徐々に自分が「傀儡」だと悟り、信長に反旗を翻しました。

光秀は、四国の長宗我部問題、秀吉の援軍、家康の接待と、プライドを傷つけられたうえに、転封も恐れていました。

秀吉もまた、九州平定を命じられる可能性など、光秀と同じように「リストラ」の不安を感じていました。

周囲の多くの人間の思惑が結集し、どんな結果をもたらすのか。彼らの心情を少しでも察していたらわかるはずです。

わざと重臣たちを追い詰めた？

一方で、松永弾正に対しては、一度めの裏切りを許した後に、またも裏切られています。周囲からの忠告はあったろうに、詫びを真に受けて許してしまう――人の心理を読む才能がなかったのです。

荒木村重が謀反した時には、翻意を促すために何度も使者を送ったという記録があります。信長にしてみれば、「城も領地も与え、取り立てているのになぜ」という思いがあったのでしょう。

信長は前ばかり見て突っ走っているため、まわりが見えないところがあるのです。

自分の計算尺度に合わないと、もう理解ができない。けれど人間は信長が思うよりも

っと複雑であり、そのことがあの本能寺の変を起こしたわけです。

ところが一方、信長ほど洞察力の鋭い男が、本当にこれほどまでにうかつだったろうか。そんな疑問もついて回ります。

その問題を思いめぐらした結果、近ごろでは次のような可能性もあるのではないかと考えるようになりました。

信長はすべてをわかっていながら、わざと重臣たちを追い詰め、忠誠の度合いを試していたのではないか。

相手がそれでも従うなら重用してやるし、反乱を起こすようなら即座に攻め滅ぼす。どちらに転んでもいいように、しっかりと手を打ったうえで追い詰めにかかる。

まさか、そんなと思われる方も多いと思いますが、戦国時代にはこうした調略は日常茶飯事でした。

その大半は敵方に仕掛けるのですが、家中で争いが起きた場合には身方に仕掛けることになります。

若いころから家中の勢力争いに翻弄されてきた信長は、いつの間にか家中統制の方法として、こうしたやり方を身につけたのではないか。

家中の有力者に反乱を起こさせて根こそぎ滅ぼす。そうすれば有力者の所領を重用した家臣たちに分けてやることができるし、家中の統率力を強化できるからです。

そうだとすれば信長の人生は、薄氷を渡るような緊迫の連続だったはずです。

それに耐え抜いてでも理想を追い求め、「是非におよばず」という結果になったのかもしれません。

政治的駆け引きから離れれば、信長には愛嬌のある人間的な一面もありました。

秀吉の正室おねが信長を訪れ、「秀吉が女遊びばかりして困る」という相談をします。それに対して信長が返した手紙が残っています。

そこには、「そなたほどの女性は秀吉にはもう現れないのだから、正妻らしく堂々としていなさい」というようなことが書かれています。そして、「この手紙を秀吉に見せるように」と申し付けているのです。

ユーモアもあり、なんとも人間味にあふれた文章です。

信長の肖像画は華奢《きやしや》に見えますが、剣術、泳ぎ、相撲、乗馬でも家臣たちがかなわなかったと伝えられています。熱心になるとひたすら鍛錬する。例えば泳げる季節はずっと泳いでいるような人だったようです。

武人としての力量にも、すばらしいものがありました。

大坂本願寺との戦に紀州雑賀の一向一揆が参入し、総崩れになった織田勢が淀川を渡って逃げた際も、信長は最後まで踏みとどまり、浅瀬に馬を並べて兵が通れるようにしたといいます。

そうした大将だからこそ、家臣たちは絶大な信頼を寄せていたのです。

信長の子どもはわかっているだけで二十二人。当時は子どもの死亡率も高かったので、生まれた子どもはその二倍くらいはいたと思われます。

しかし信長は決して愛欲におぼれたのではなく、養子に出したり嫁にやったりすれば勢力拡大につながると考え、きわめてストイックに子作りに励んだのでしょう。

なぜ二万人、三万人も殺したのか

そのストイックな性格が悪い方向に出ると、残虐性につながりました。

有名な比叡山延暦寺の焼き討ちでは、僧侶だけでなく周辺の住民たちも含めて数千人を殺したといわれています。

また、恵林寺の焼き討ちでは、快川和尚はじめ僧侶たちを楼門に上げて焼き殺すという、悪鬼のごとき処罰をするように命じています。

一向一揆との戦いにおいても、その残虐さは語り継がれています。

織田軍は伊勢の長島の一向一揆との戦いにおいて男女二万人余りを焼き殺し、越前の戦いでも三万人余りの一揆衆を殺しました。

信徒たちは武士ではない人たちが多く、一旦逃げ散ったら敵なのか身方なのか区別がつきません。しかも一向一揆に加わっている限り、再び武器を取って襲いかかってきます。決して認められるものではありませんが、状況としては奪い尽くす、焼き尽くす、殺し尽くすしかなかったのです。

一旦戦いを始めると、人間というより「敵」としか見えなくなる。当時の状況がそう

させたにせよ、信長にはたしかにそんな残虐性がありました。

武士たるものが庶民を殺すとは……、そう考えてついていけない家臣もいたことでしょう。その矛先《ほこさき》が敵ではなく自分に向けられたらと思うことは、家臣たちにとって大変なストレスだったはずです。

これもまた、信長が身方だと思っていた大名や家臣に裏切られ続ける要因の一つでした。

しかし、信長の人生を振り返ると、はじめから残虐だったわけではありません。やはり、延暦寺を焼き討ちにしたり、一向一揆衆をなで斬りにするころから変わったように感じます。

これは、朝廷や幕府を敵だと認識しだしたころと重なっており、「包囲網」に苦しめられた信長は先鋭化していかざるを得なかったのではないでしょうか。

義昭を擁立して足利幕府を再興し、尾張と岐阜を治める一大名で落ち着けば、信長は殺されることはありませんでした。

しかし生まれながらの革命家だった信長は、理想の国家を打ち立てるために戦い続け

ずにはいられなかったのです。

「捨てられた」寂しい子ども時代

信長という特異な人物は、いったいどのようにして育ったのでしょうか。

信長生誕の地は、那古野《なごや》城とされています。

父信秀の正室、土田御前を母として生を受けました。二人の兄がいましたが、いずれも妾腹でしたので、信長は誕生と同時に後継者と目されていました。

翌年、父信秀は信長に那古野城を譲り渡し、古渡城《ふるわたりじょう》へ移ってしまいます。熱田神宮の門前町や港湾を掌握するために、より近い古渡城へ移ったのではないかと考えられます。信秀は土田御前を連れて行ってしまったため、信長は数え年二歳で親と引き離されることになったのです。親から捨てられたという思いを、信長は生涯持ち続けたのでしょう。

この生い立ちが、信長の性格に影響を与えていることは想像に難くありません。実際に、乳を与えようとする乳母の乳首を噛みちぎるという荒々しい行動をたびたび見せた

といいます。

子どものころの寂しさ、「捨てられた」という鬱屈は、長じてからもたびたび顔をのぞかせ、意のままにならない相手へのサディスティックな虐待となって表れたのだと考えられます。

父信秀との関係について、詳しく記したものはありませんが、信秀の葬儀の逸話は有名です。

> 信長御焼香に御出て。其の時の信長公卿仕立、長つかの大刀、わきざしを三五なわにてまかせられ、髪はちやせんに巻き立て、袴もめし候はで、仏前へ御出でありて、抹香をくはつと御つかみ候て、仏前へ投げ懸け、御帰り
>
> （『信長公記』）

「三五なわ」とはしめなわ、ちゃせん髪とは茶道具の茶筅のような形に結った髻のことです。

現代でいえば、親の葬式に革ジャン、サングラス、茶髪で現れたようなものでしょう。

しかも焼香するどころか、仏前に抹香を投げつけたというのですから尋常ではありません。

信秀の没年には諸説ありますが、一般的にいわれている天文二十一年（一五五二）だとすれば、信長は十九歳。子どものころの寂しさや鬱屈が信長をぐれさせ、当時は「うつけ」（ばかもの、常識はずれといった意味）と呼ばれていました。

領内の次男、三男を集めて、親衛隊を組織

信秀は、ほかの大名に先駆けて、楽市楽座や流通路の拡大をはかるなど、斬新で進歩的な人物でした。

この点は信長もよく似ていますし、尊敬もしていたでしょう。

しかし、信秀はわずか二歳の信長を家臣に任せっぱなしにし、戦に明け暮れ、二十数人も子どもを儲けました。

若き信長は父親に対して、尊敬と反発がないまぜになった感情を抱き続けたと思います。

そんな父が四十二歳（諸説あり）であっけなく死んでしまいました。信長のさまざまな感情が噴き出し、葬儀での乱行《らんぎょう》になったのではないでしょうか。

信長は「うつけ」といわれる不良少年でしたが、決して遊び惚けていたわけではありません。

朝夕、乗馬の稽古に打ち込み、三月から九月までは水練を欠かさず、鉄砲、兵法も学びました。

また、領内の次男、三男を集めて、親衛隊を組織。

この親衛隊を鍛えて、織田軍の中核にする構想を早くから持っていたらしく、自ら陣頭に立って軍事訓練を行っています。この構想がのちの兵農分離や、強力な軍隊の組織化につながっていくのです。

父の急死後、十九歳の信長に課された問題は山積みでした。

信秀は尾張の織田一門を糾合して今川義元や斎藤道三と戦いましたが、一門を掌握していたわけではありません。岩倉城の織田伊勢守家、清洲城の織田大和守家が守護代として命脈を保っていたので、信秀は彼らの上に立つことはできなかったのです。

両家は信秀の急死を奇貨として信長を狙います。また、今川義元も尾張に進行する構えを見せていました。

こうした勢力を退け、父が残した勢力圏をどうやって守っていくか。この課題に直面した信長は休む間もなく戦い続け、一つ一つ勝利を重ねながら天下に近づいていくのです。

信長が構想した公地公民・律令制

信長の求めた理想の国家とは、どのようなものだったのか。

信長が生きた戦国時代は、大航海時代でありました。

イエズス会が布教にやってきたのは、ポルトガルが日本を植民地にしたいと望んでいたからにほかなりません。

このグローバル化の波の中で、日本がどう生き残れるか。これが、信長の最大の課題だったのです。

信長が生まれてから四十年ほど、ずっと戦争の時代でした。

しかし大航海時代の中で日本が生き残るためには、戦争などをしている場合ではない——頭脳明晰《めいせき》な信長はそう考えたはずです。

大名たちが所領を増やそうと争っているかぎり、戦争を終わらせることはできないし、国内統一などできません。

信長はこの国を中央集権体制にもっていこうとしていました。

モデルにしたのは、秦の始皇帝による中央集権体制であり、かつて日本でも行われた律令制でした。

朝廷か幕府か、いずれかの「公儀」が大名たちを官僚化し、指示に従うように役人化していく。一つの権力が、すべての国民、国土を支配する体制をつくらなくては駄目だと考えたのです。

信長は律令制や公地公民制を復活させようとしたのです。

ですから既得権益を持つ寺社や、地方の主権者が拠点としていた山城を徹底的に壊して抵抗力をなくしていく。城割り、武装解除を徹底的に行ったのです。

私戦禁止令も出しています。

そして全国民から公平に税を取るために、全国平均の尺度を作って検地を行いました。この土地には収穫量がこれくらいあり、住民は何人いるかを確認するための検地、今でいう国勢調査を行ったのです。

検地を行い、全国の土地が計量化されているからこそ、大名の国替えも可能になったのです。

こうした政策を、秀吉はそっくり受け継いでいます。

検地や刀狩がそうですし、検地した結果できあがった全国の「国絵図」を天皇に納めています。

信長が天皇中心の公地公民制を考えていたので、秀吉もそれに倣ったのでしょう。

信長の思想が徳川幕藩体制の平和へとつながった

信長の思想の根底には、「預治思想」がありました。

朝廷が天から日本を統治する任務を託され、大名たちに所領を預けて治めさせている、という考え方です。

信長のその思想がよくわかる手紙が残っています。

天正七年（一五七九）、次男信雄が伊賀を攻めて大敗した際、信長が出した「せっかん状」です。

信長は信雄を厳しく叱っているのですが、その中に「今度の失敗は天道に背く恐ろしいことだ」とか「我らが奉公するのは、第一に天下のためだ」という文言があります。

織田家のためではなく、「天下」のために働くという意識が根底に流れているのがわかります。

私有財産を否定して、公地公民制の新しい国家をつくり上げるという理想に満ちた信長の姿が浮かび上がってくるのです。

群雄割拠の状態を統一し、富国強兵策を取って西欧列強に対抗できる国を築く。

日本が生き残る道はそれしかないと確信していたのですから、幕末の志士たちの考えによく似ています。

当然ながら、息子にだけではなく側近衆、大名たちにも徹底して「天下のために」とことあるごとに言っていたことでしょう。

こうした信長の理想は、秀吉、家康に引き継がれました。

秀吉は信長のしようとした改革をなぞったのだと思いますが、形は作ったものの治めきれなかった。その後、家康は徳川幕府を樹立し、幕藩体制が整えられてゆきます。

この基本にあった考え方こそが「預治思想」です。だから大名たちは、命じられたら転封しなければなりません。

家康が作った幕藩体制は、日本に二百五十年余の平和をもたらしました。その基本構想は信長が立てたのですから、江戸期の平和は信長がもたらしたといってもいいのではないでしょうか。

身を捨て死を恐れなかった信長

しかしその構想は、重臣たちさえついていけないほど先鋭的なものでした。

多くの人間が既得権益を失う改革であり、「明治維新」のようなものでしょう。抵抗が強いのは当たり前でした。

信長は次の世代、新しい側近衆を中心とした中央集権体制を構想していました。

光秀、秀吉、柴田勝家ら古参の重臣たちはリストラの危機に直面していましたし、何よりその急進的な思想についていけませんでした。

光秀が信長を殺さなかったとしても、ほかの誰かが実行していたかもしれません。

信長は朝廷を否定せず、「公儀」として中心に据えようとしていました。

しかし思った以上に頑迷な朝廷のしきたりや伝統に耐えきれず、自分が「太上天皇」になって一挙に改革を断行しようとしたのです。

それが、近衛前久を中心とする公家一派には耐えかねるものでした。

三職推任に応じて関白や将軍になり、現体制を引き継いだ政治を行うなら、光秀も喜んで協力したでしょう。なぜなら重要なことは誰が関白や将軍になるかではなく、天皇、将軍、大名という序列に従った幕府の制度を守ることだからです。

なぜそれが重要かといえば、一族郎党や家臣領民がその制度の中で生きているからです。

しかしそれでは国家の変革はできないと、革命家信長は考えていたのです。

信長は「桶狭間の戦い」の時、家臣たちの制止を振り切り自ら陣頭に立って今川軍に

突撃しました。

このとき、信長が大音声に叫んだ言葉は、戦国史上に残る名台詞です。

「小軍にして大敵を怖るることなかれ。運は天にあり。此の語は知らざるや」

このシーンは、信長の性格を非常によく表しています。

今川家に屈服するくらいなら、生きている価値はない。意のままに生きられないなら、武士らしく討死したほうがよい――。

信長には、はじめから身を捨てているようなところがあるのです。

信長が好み、桶狭間の戦い前夜にも舞ったといわれる『敦盛』の詞に、それが現れているように思います。

「人間五十年、化天のうちを比ぶれば、夢幻の如くなり

一度生を享け、滅せぬもののあるべきか」

信長はこの詞に、信念に殉じることになるかもしれない己の生きざまを重ね合わせていたのではないでしょうか。

もし本能寺の変が起きていなかったら

歴史的イフではありますが、もし信長が本能寺で殺されていなかったら、その後日本はどうなっていたでしょうか。

信長の構想どおりだとすれば、「三職推任」で将軍職に就いたのではないかと思います。そのうえで西日本に勢力を持っていた鞆の浦の足利義昭を退陣させ、織田幕府を開いたでしょう。

将軍の権威を得て、西日本の毛利、四国の長宗我部、九州の島津あたりをすべて平定します。

東日本でいえば、関東の北条とはすでに同盟を結んでいましたから、天正十〜十二年（一五八二〜一五八四）の間には、天下統一を成し遂げたのではないかと思います。

織田幕府が軌道に乗ったら息子の信忠に将軍職を譲り、五の宮を天皇にして、信長自身は太上天皇に就きます。

そして朝廷と幕府、両方を従え、理想とした中央集権体制を整えて海外への進出も考えたでしょう。

信長は南蛮貿易を重視し、諸外国とつきあっていくことを前提にした政策を取っていました。鎖国体制の真逆です。

武装した日本の貿易船団が東南アジアに進出し、太上天皇となった信長が明との国交を回復します。

秀吉は信長のレールに乗っかっていただけ

天正十六年（一五八八）、スペインはドーバー海峡での戦いでイギリスに大敗して、一挙に国力が落ちます。

その間にスペインの植民地、マニラやマカオ、マラッカあたりを手に入れることができたかもしれません。

信長が天下統一をしていたなら、日本は植民地を持つ国になり、イギリスのような発展をした可能性はあると思います。

ただし、信長の後を継ぐ者たちが世界に植民地を持つ国家体制に耐えられただろうか、という疑問があります。日本は第二次世界大戦前に植民地を持っていましたが、維持で

きませんでした。

信長が仮に「本能寺の変」からあと十五年生きたとしても、その後体制は崩れただろうと思います。誰も信長の方針を継承できないし、継承する必要も感じないのではないでしょうか。

日本人のモチベーションの中には、「海外まで出て行く必要がどこにあるのか」という気持ちがあるように思います。

幕府が鎖国をしたのは、日本人の多くの望みは「大航海時代より国内」であり、植民地を作るより、もともとある領土を堅実に守ったほうが幸せだということをわかっていたからではないかと思います。

そう考えると、日本という国によくも信長のような突出した人物が現れたものだと思います。謎でもあり、奇跡のような話です。

日本史上を見ても、信長のような身分から天下人まで駆け上がった人はいません。

低い身分から天下を取った人物というと秀吉が真っ先にあげられますが、秀吉は信長が築いたものに「乗っかっただけ」だと思います。

信長がいなければ、秀吉は出世したとしても大名家の家老くらいで終わったのではないでしょうか。

ひそかに運び出された信長の遺骨

本能寺の変で自刃した信長の遺体は、ついに発見されなかったというのが定説になっていますし、そう思っておられる方も多いのではないでしょうか。

実は私自身も、長年そう思い込んでいました。

しかし歴史書をひもとき、取材を重ねていくうちに、信長の「遺体の行方」がわかってきました。

それは残された人間たちの思惑と野望が見え隠れする、まさにあの本能寺の変をとりまく人間関係の複雑さを物語るものでした。

前著『信長はなぜ葬られたのか』とも重なりますが、消えた信長の遺体にまつわるてん末とその後日談を紹介いたします。

はじまりは二十数年前、ある歴史書に「信長の墓は京都の阿弥陀寺にある」という一

節を見つけたことです。

信長の墓地としてもっとも有名なのは、豊臣秀吉が大徳寺に造った総見院です。また、安土城や本能寺にも墓や供養塔が建てられています。

しかし、阿弥陀寺の墓というのは初耳だったので、さっそく取材に出かけることにしました。

上京区寺町の阿弥陀寺の前でタクシーを降りると、門前に「織田信長公本廟」という碑が堂々と立っていました。しかも墓所となった由来を記した立て札までありました。

なぜ、阿弥陀寺が信長の墓所となったのでしょうか。

それは、開山清玉上人の活躍のゆえでした。

『改定史籍集覧』に収録されている「信長公阿弥陀寺由緒之記録」には、清玉上人が信長の遺骨を運び出したいきさつが次のように記されています。

天正十年（一五八二）六月二日、本能寺の変が起こったことを知った清玉上人は、二十人ほどの供を連れて駆け付けました。

しかし、すでに信長は自刃した後でした。清玉上人が悄然《しょうぜん》と帰りかけた時、数人の武

士が墓地の後ろの藪で何かを燃やしているのに気づきます。

顔見知りの信長の近習たちなのでわけを尋ねると、信長を荼毘《だび》に付しているのだということです。

信長が「遺体を敵に渡すな」と言い残して切腹したため、こうして火葬して自分たちも後を追うのだと答えました。

事情を知った清玉上人は、近習たちにこう申し出ました。

「方々も知ってのとおり、自分は長年信長どのに懇意にしていただいた。何かの役に立てればと駆け付けたが、もはや果てられたとなれば是非もない。火葬は出家の役なので、この場を任せてもらえるならば遺骨を寺に持ち帰り、手厚く葬ろう」

近習たちに否はありません。彼らは喜んでその場を清玉上人に任せ、敵中に切り込んで討死したということです。

清玉上人は、火葬を終え、骨を集めて衣に包み、脱出する本能寺の僧にまぎれて阿弥陀寺に持ち帰りました。

当然ながら、光秀の軍勢が、寺中を探しても信長の遺体は見つかりません。

それゆえ、「信長の遺骨は見つからなかった」というのが定説となってしまったのです。

秀吉が営んだ「遺骨なき葬儀」

その後清玉上人は、二条御所で息子信忠が討死したと聞くと、光秀に申し出て信忠と家臣たちの遺体も引き取りました。

阿弥陀寺は皇室との縁が深く、清玉上人は正親町天皇の勅願僧に任ぜられたほどの高僧なので、光秀も断れなかったと思われます。

阿弥陀寺には、後陽成天皇の勅額も保存されています。

また、寺には信長愛用の槍や馬の鞍おおいがありましたが、残念なことに江戸期の大火のため槍の穂先だけが残り、鞍おおいは半分焼失していました。

信長と信忠の墓は、本堂裏の墓地に仲良く並び、その横には、森蘭丸や近習たちの墓がひっそりと寄り添っていました。

由緒があり、信長の墓所もある阿弥陀寺は、なぜ忘れられた存在になったのでしょう

か。

それは、秀吉のためでした。

秀吉は、山崎の合戦で光秀を破り、後継について話し合われた清洲会議で、信長の孫三法師を擁立することに成功しました。

「信長の後継者」であることを世に示そうとした秀吉は、本能寺の変の四カ月後、信長の葬儀を行おうとします。

そこで信長の遺骨がある阿弥陀寺で葬儀をしたいと申し入れますが、清玉上人から頑として拒否されます。秀吉はやむなく、信長の遺品だけを集めて十月五日に大徳寺で葬儀を行い、総見院を建てて信長の墓所としたのでした。

しかし織田家からは、信長の息子の信雄も信孝も参列していません。

その後秀吉は阿弥陀寺を徹底的に弾圧し、移転を強要。信長の墓所と称することも禁じたのです。

阿弥陀寺は、美作津《つ》山《やま》藩主となった森蘭丸の弟忠政が、「兄たちの供養」という名目で保護したためになんとか命脈を保ったのでした。

時は流れて大正六年（一九一七）十二月、信長に正一位が追贈されることになりました。

このとき皇室からの使者は、大徳寺ではなく阿弥陀寺の信長の墓前に参向したのです。信長の遺骨と墓を守ろうとした阿弥陀寺の苦労が報われ、信長が改めて皇室に認められた瞬間でした。

清玉上人が遺骨を渡さなかったわけ

清玉上人が秀吉に信長の遺骨を渡さなかった理由とは、なんだったのでしょう。

阿弥陀寺で葬儀はもう済んでおり、「改めてする必要はない」と清玉上人は言ったそうですが、秀吉は仮にも信長の後継者です。

遺骨を譲り受けることをあきらめた秀吉は、「それなら、寺に永代供養料として三百石を寄進する」と申し出ましたが、上人はこれもかたくなに拒否したといいます。

「信長公阿弥陀寺由緒之記録」には、その理由も記されていました。

> 秀吉公若年より莫大に信長公の御恩を受けて身を立てたる人の、何ぞや信長公道ならず不慮に御生害《ごしょうがい》あそばされたるを幸いに天下を我がものにして、たちまち御重恩を忘れ織田御家門《ごかもん》をご家来となされ候事を、清玉上人はなはだ本意なく無念に存じられ、秀吉の事を常に人でなしの人非人とのみ申され候由

享保十六年（一七三一）に書かれたこの記録は、第一級史料とはいいがたいのですが、寺伝として語り継がれたことをまとめたものです。

清玉上人が弟子に話していた内容としては、大筋信用できると思います。

――秀吉は、信長の御恩を受けて身を立てたのに、亡くなられたのを幸いに天下を我がものにしている。重い恩も忘れ、織田家を家来としてしまった。清玉上人は、なんとも無念であり、秀吉は「人でなし」だと語っていた。

つまり、清玉上人は「秀吉は恩知らず」だと言っていたというのです。まことに生々しい証言ではないでしょうか。

しかし、私はここで一つの疑念にとらわれました。

というのは、秀吉が織田家の天下を奪う姿勢をはっきりと見せるのは、天正十一年（一五八三）に織田信孝と柴田勝家の連合軍に勝ってからのことです。本能寺の変から四カ月後には、まだそれほどあからさまな行動をとっていないのです。

しかし、清玉上人はまるでその後の秀吉の「恩知らず」を知っているかのようです。

考えられる理由は一つしかありません。

それは秀吉が「本能寺の変」が起こることを知っていながら信長を見殺しにした。そのことを清玉上人が知っていたということです。

清玉上人は正親町天皇の勅願僧であり、秀吉と朝廷との交渉は逐一承知していたはずです。その過程で秀吉が何をしたかをつぶさに知り、「人でなしの人非人」だと決めつけたのだと思います。

信長の首塚

前著でも紹介しましたが、静岡県西山本門寺に信長の首塚があります。

私がこの寺を訪ねたのは、二十数年前のことです。

信長の首塚は、本堂裏の池の北側にありました。

高さ約五メートル、底部の幅は約十二メートル、塚の上には樹齢およそ四百五十年という大柊がうっそうと枝を広げていました。

「信長の首はこの三メートル下に埋まっています。柊を植えたのは、人が近寄らないようにするためです」

寺の方がそう教えてくださいました。

本能寺の変が起こった時、信長の供をしていた原志摩守宗安が、前夜に囲碁の対局をしていた日海上人（本因坊算砂）の指示により、信長の首をこの寺に運び供養したと伝えられています。

宗安の息子日順が日海の弟子となり、のちに寺の第十八代上人となりました。

その日順自筆の過去帳が残されていることは、第一章に記しましたが再掲しましょう。

天正十年六月　惣見院信長、為明智被誅

――明智のために誅さる。

「誅さる」という言葉は、目上の者が目下を成敗するという際に用いますから、「明智が信長を討った」ことを指すのはおかしい。信長よりも「目上」、つまり天皇か将軍が光秀を使って討った、としか思えないのです。

秀吉が無理やり作った墓ではなく、正真正銘の墓所がある阿弥陀寺。

そして、必死の思いで原志摩守宗安が運んだ首を祀《まつ》った塚がある西山本門寺。

いずれの寺にも、本能寺の変にまつわる謎を解くヒントが残されていました。

秀吉や朝廷が必死で消し去ろうとしても、あらわになる真実。無念のうちに自刃したであろう信長が、我々を導いてくれているのかもしれません。

余談ながら、私が『歴史街道』（ＰＨＰ研究所）に「富士山麓に埋められた『信長の首』」（二〇〇〇年一月号）というエッセイを書いたことがきっかけとなり、信長を供養するための祭りが西山本門寺で行われるようになりました。

『信長公黄葉まつり』と命名されたのは、境内の二本の大銀杏《おおいちょう》が色づく十一月の第二日

曜日に、毎年祭りが行われるからです。

地元の方々の熱心な活動や富士宮市の後援のお陰で、二〇一九年には二十回目の開催となり、一万二千人近い来場者がありました。

私は毎年欠かさず出席していますが、地元の小、中学生の太鼓の演奏や剣道の野試合、仮装行列など、地域の人々の熱意に支えられていることを痛感しています。

また各地から集まったB級グルメの屋台が出たり、駿府鉄砲衆の射撃の演武があって、境内はあふれんばかりの人で埋まります。

そうした光景を見るにつけ、信長人気の高さを実感していますし、このような盛んな祭りになったのは信長公のご加護のお陰なのでしょう。

そして、この首塚に信長公の御首《みしるし》が埋められているに違いないという思いを、年ごとに強くしています。

読者のみなさんも、是非一度ご参加ください。

私は駿府鉄砲衆の足軽として、心を込めた銃撃でお迎えします。

第四章　戦国時代はグローバル社会だった

信長が生きたのは大航海時代だった

ここで、信長が生きた時代背景を考えてみましょう。

「戦国時代」に対して多くの日本人が持っている認識は、下剋上の時代であり、各地で戦争が繰り返されていた——というものではないかと思います。

それは間違いではないのですが、広く世界に目を向ければ、スペインやポルトガルという欧州の国々がアフリカ、アジア、アメリカ大陸へと向かう大航海時代でもありました。

そして、日本が初めてヨーロッパの文化や文明に触れた時代だった。

そうした事実を抜きにしては、信長を理解することはできません。

一四九二年に、スペインの支援を受けたコロンブスがアメリカ大陸に到達し、一四九八年には、ポルトガルのヴァスコ・ダ・ガマがアフリカの喜望峰を越えてインド航路を開きました。

大航海時代における日本の動き

日本の動き	ヨーロッパの動き
	1492　コロンブス　アメリカ大陸到達
	1498　ヴァスコ・ダ・ガマ　インド到達
	1510　ポルトガル　ゴア占領
	1521　スペイン　アステカ王国征服
	1533　スペイン　インカ帝国征服
1543　ポルトガル人　種子島に来る	
1549　ザビエル　来日	
	1557　ポルトガル　マカオに居住権
1560　桶狭間の戦い	
	1565　スペイン　フィリピンセブ島にスペイン人町作る
	1570　スペイン　マニラ占領
	1571　スペイン　フィリピン植民地化
1575　長篠の戦い	
	1579　イギリス　インド到達
	1580　スペイン　ポルトガルを併合
	1581　オランダ独立
1582　本能寺の変	
1587　秀吉バテレン追放令	
	1588　スペイン無敵艦隊　イギリスに敗れる
1590　秀吉　全国統一	
1591　秀吉　スペインのフィリピン総督に入貢と服従を促す	
1592～ 文禄の役	
1597～ 慶長の役	
1600　関ヶ原の戦い	
1603　江戸幕府開府	
1613　伊達政宗　支倉常長を欧州に派遣	
1616　ヨーロッパ船の来航を長崎・平戸に制限	
1624　スペイン船の来航禁止	

その後、ポルトガルはインドから東へと向かい、マカオに貿易の拠点を作り、丁子《ちょうじ》などの香辛料を取引するようになります。丁子は英語でクローブといい、肉類の保存などにも使われる香辛料です。

当時のヨーロッパでは、金一グラムと丁子一グラムが取引されるといわれ、莫大な利益を生む商品でした。

東南アジアに進出するポルトガルに対して、スペインも負けてはいません。

一五一九年には、スペイン艦隊を率いたマゼランが世界一周へと出発。フィリピンを植民地とし、マニラを拠点にアジアとの貿易を活発に行うようになります。

大航海時代とは、スペインとポルトガルの植民地獲得競争の時代だったといってもいいでしょう。

一五四三年、種子島にたどり着いたポルトガル人が鉄砲を伝え、一五四九年には、スペイン人のフランシスコ・ザビエルがキリスト教の布教を目的に来日します。

一五六三年に九州にやってきた『日本史』の著者ルイス・フロイスも、イエズス会の

銀の移動

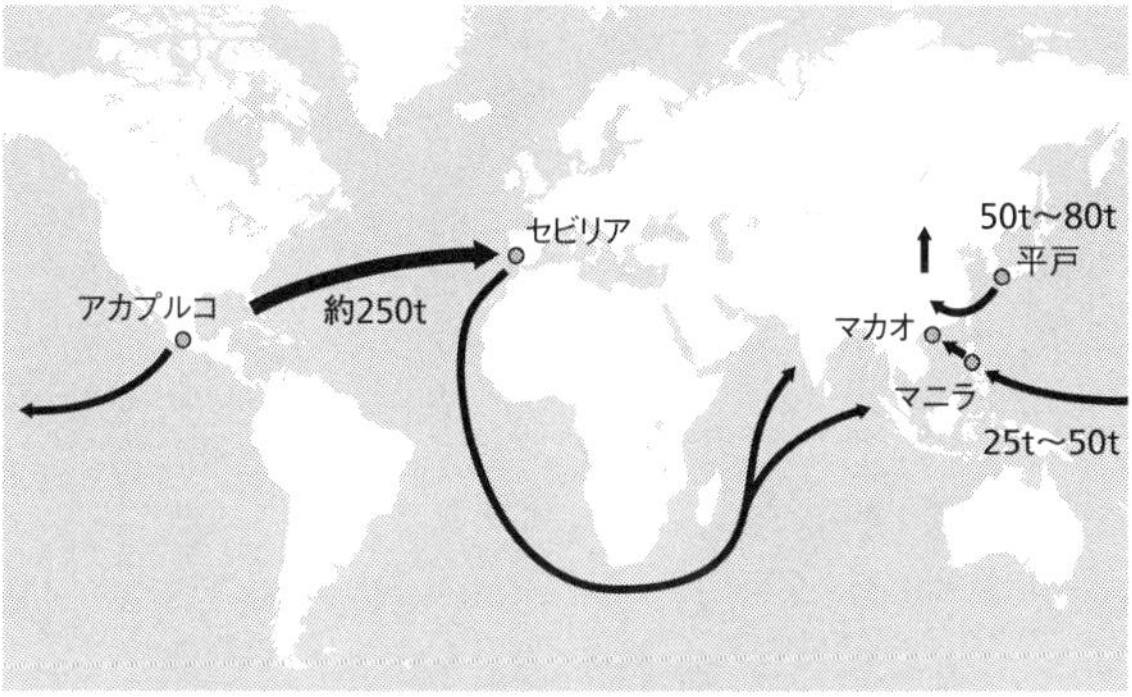

当時、日本の銀産出量は世界全体の約三分の一だった

（『世界史とつなげて学ぶ　中国全史』岡本隆司）

宣教師でした。

東南アジアにおける丁子と同様に、彼らが日本の貿易商品として目をつけていたのは、石見《いわみ》銀山の銀でした。

銀を安く買い付けて、ヨーロッパに持ち帰れば大きな儲けとなると見込んだのです。日本との直接取引を求めて、ポルトガル人がやってくるという時代でした。

産業構造が根底から変わった時代

ポルトガルと貿易をするようになり、日本はどう変わっていったのでしょうか。

まず、日本で産出する銀を輸出すると、大量の輸入品が入ってくるようになりました。

当時の日本は室町幕府の時代であり、基本的には鎌倉時代と変わらない、守護領国制を取っていました。

守護領国制とは、開拓農民である武士たちが農民を支配する体制です。ところが、そこにポルトガルとの貿易による経済の転換が一気に押し寄せたのです。「農本主義」的な守護領国制から、「重商主義」の社会に転換せざるを得なくなりました。

これまでの農業中心の社会から、商業・流通が盛んな経済社会へと変わり、同時に高度経済成長の時代となっていきました。

言ってみれば、「グローバル化」の波が押し寄せたのです。

その大きな変化に、これまで農民を治めていればよかった守護大名たちの多くは対応できませんでした。対応できたのは、守護大名から領地を預かり、地元の産業に直接関わっていた守護代といわれる人たちです。

彼らは経済の変化にも敏感ですし、その地域のどの産品で儲けることができるか、敏感に察知できたのです。

また、重商主義になれば、当然ながら商品を運ぶ海運、水運が発達します。すると、

重要な港を領地に持つ大名が、津料（港湾利用税）、関銭（関税）を取るようになりました。

彼らは農業からあがる収入の何十倍もの収入を「津料」「関銭」として得るようになったのです。一つの港を持っているだけで、農本主義を基盤とする守護大名の経済規模をはるかに超える状況が生まれました。

その代表的存在が、信長の父織田信秀です。

信秀は、現在の愛知県津島を領地としていました。津島は、現在は埋め立てられて内陸になってしまいましたが、当時は木曽川の河口に面していました。木曽川水運と伊勢湾海運を結ぶ重要な拠点だったのです。

関東方面からやってきた船が停泊し、荷を下ろす際には関銭をかけられるし、船に対しては津料を取ることができます。その利益は莫大なものでした。

信秀は、尾張のもう一つの港、熱田港を支配し、重要な二つの拠点を手に入れたいと考えました。当時熱田を治めていたのは今川家。信秀は今川家の那古野城をだましうちのようなかたちで奪い、熱田を支配することに成功したのです。

津島、熱田を押さえれば、木曽川を遡《さかのぼ》って中山道とつながる。中山道から関ケ原を越えて琵琶湖に出れば、琵琶湖水運ともつながることができます。

こうした港の支配、流通路の支配によって、信秀は、尾張一国の軍勢を率いて今川義元や斎藤道三と戦う力を蓄えたのです。

信長はそのような父信秀の「事業」を引き継いだ、商業的大名でした。

現代に置き換えて考えてみましょう。

農本主義を続ける守護大名たちが、従来からある製鉄業や自動車メーカーだとすれば、織田家はＩＴ企業、ソフトバンクや楽天でしょう。

経済の構造自体が変わるときは、その産業構造の最先端を行っている企業が勝ちます。

それが、当時の織田家だったのです。

能力主義を取り入れた「兵農分離」

農本主義の守護大名は、領地を治めやすく、領民支配にもっとも都合のよい場所に城を築いているので、居城を移しませんでした。

動く必要もないし、動くことに不安や恐怖もあったでしょう。実際に、武田信玄は躑躅ヶ《つつじが》崎《さき》館、上杉謙信は春日山城から動いていません。

しかし、信長は違います。その時々の目的に応じ、身軽に拠点を移しています。清洲、小牧、岐阜、安土、そして次は大坂に移そうと考えていました。

それは流通路と、自分が攻め取るべき領地を考えた、戦略的な移動です。

ただし商業的大名には、農本主義的大名より弱い面がありました。兵力です。

農本主義の場合、領民は農業を営みつつ、いざとなれば領主のために戦う、「半農半武」です。領民たちは、日ごろから農業で足腰を鍛えているから、身体も丈夫で強い。

しかし信長のように領地を持たず港しか持っていないと、兵力が安定せず、動員できる見込みを立てにくいのです。

もちろん、そこに甘んじる信長ではありません。

弱点をどう克服するか。戦のプロフェッショナルを育てればよい——信長は、職業軍人集団を作ることを考えました。後にいう「兵農分離」です。

もともとは兵力が安定しない弱点をカバーするための方策だったのですが、「兵農分

離」は時代の最先端を行く戦略になったのです。

専門の戦闘集団を組織することで、戦闘訓練をして高度な技術を身につけられるし、農作に関係なく動員することができます。

また、高額の給料が出ると聞けば、腕に覚えのある人間が各地から集まります。農業中心の社会は、何代も前から同じ場所に、同じ人々が住んでいるため、厳しい身分や家柄差別があります。

ところが、兵として集まってくる人たちに家柄は関係ありません。そもそも、やってくるのはほとんど家柄というものがなかった人たちです。彼らを鍛え、能力に応じて抜《ばっ》擢《てき》するということもしやすかったのです。

信長が家柄に関係なく家来を雇用し、能力主義で「部下」を取り立てることができたのは、商業的大名だったからです。

信長は見事に、弱みを強みに変えたのです。

これもまた、現代における従来型の終身雇用制と、新興企業における能力給との関係に通じるのではないでしょうか。

まさに、信長は当時の「起業家」でした。

商業的大名ですから、販路は延々と伸ばせます。たとえば現代のコンビニエンスストアが、どんどん全国展開するように、です。

当時の流通の中心は、琵琶湖です。

琵琶湖は内陸のように見えますが、短い陸路で太平洋、瀬戸内海、日本海につながっています。だからこそ、「近江を制する者は天下を制する」という言葉がありました。

「近江を制する」ということは、「琵琶湖を制する」ということと同義です。

三方から集まる流通を押さえれば、津料と関銭を取ることができ、莫大な収益となります。

信長は安土城を拠点とし、長浜に秀吉、坂本に光秀、高島に甥の津田信澄を配して、琵琶湖水運をがっちりと押さえ込みました。

そして絢爛《けんらん》豪華な城を築き、屈強の兵を集め、軍の装備も十分に揃えることができました。当時の最新兵器である、高価な鉄砲もふんだんに買うことができたのです。

このように、現代にも通じるグローバルと変革の時代に、信長は生きていたのです。

楽市楽座は現代でいう規制緩和

守護領国制のうえに成り立っていた足利幕府は、旧態依然とした農本主義的組織でした。

しかし当初、信長は幕府をうまく利用し、足利義昭を立てつつも自分が実質的なオーナーになれば、天下の運営ができると考えていたようです。

しかし、次第に限界が見えてくる。将軍が抱えていた寺社との関係、商業流通への制限と無理解……。合理主義者である信長は苛立ったに違いありません。

例えば、当時「市」が開かれるのは神社や寺の境内がほとんどでした。開催する権利を持っているのは寺や神社ということになります。

「座」とは、商品流通の協同組合であり、例えば「油座」「麴座」というように商品別に組織されていました。こちらもまた、「本所」という元締めは寺や神社、公家が務めていました。

つまり、寺や神社、公家らが、商業流通の既得権益を握っていたのです。

こうした既得権益に対して、将軍である義昭はとうてい踏み込めず、信長が義昭を見

限り、追放する大きな原因となったのです。

信長が、こうした既得権益を打ち壊すべく規制緩和を図ったのが「楽市楽座」です。組合である「座」や寺社の支配下にあった「市」を廃止し、自由に取引ができるようにして経済を活性化させようとしたのです。

まさに「商業的大名」の発想であり、施策です。

百年続いたグローバルな日本

一六世紀から一七世紀にかけて、多くの外国人が来日し、また外国に出た日本人もかなりの数にのぼりました。

信長は南蛮貿易を重視し、堺を拠点として商人たちとも手を組みました。信長がイエズス会を保護したのも、彼らが南蛮貿易の仲介役を務めていたからです。

その後、秀吉の時代には、海外貿易を許可制にする「朱印船貿易」が行われました。

このころには、ポルトガル人やスペイン人に頼らず、日本人がアジアに移住し、生糸の現地生産をするようになっていました。

今で言う「契約農家」に桑の木の栽培や養蚕をさせて、生糸を生産して日本に送るのです。まるで現代の商社のような手法を、すでに当時の日本人は行っていたのです。

移住した日本人は同じ地域に住み、町を作りました。私が以前訪ねたベトナムのホイアンという町にも、そうした日本人町が残っていました。

街並みを見ているとたしかに日本家屋に似た建物が多く見られます。

当時は華僑、中国人も数多く住んでいました。

ホイアンの日本人町と中国人居留区との間には川があり、「日本橋」という橋がかかっています。日本人と中国人の間に起きた紛争が円満に解決した際、それを記念してかけられた橋だといいます。

当時の、活気ある町の様子が思い起こされました。

日本人の墓地も残されています。移住した後に、徳川幕府から「海外に住む日本人は数年内に帰国すべし」という鎖国令が出されますが、そのままホイアンに残り、生涯を終えた方々の墓です。

アユタヤで活躍した山田長政は、在アユタヤの日本人を組織して、そのリーダーにな

りました。それだけ多くの日本人が暮らしていた、ということの証拠です。

一六世紀から一七世紀初めまでの百年間、当時の日本人は、かなりグローバルな社会を生きていたのです。

「倭寇」は「海賊」ではない

一六世紀に活躍したのが、「後期倭寇《わこう》」です。

倭寇というと、一般的には「海賊」と思われていますが、やみくもに船を襲う「海賊」とは別物でした。

当時の明は、周辺の国々が明に貢物をし、その返礼というかたちで相手の欲しがる産品を渡す「朝貢貿易」を行っていました。

朝貢貿易以外の私貿易を禁止していたのですが、なんといっても世界は大航海時代です。違法ながらも、私貿易はどんどん盛んになっていきました。

こうした私貿易をする人たちを「倭寇」と呼んだのは、相手が払うべき金を払わないようなトラブルが起きた際、軍事力にものを言わせ、場合によっては強奪も行ったため

です。

決して強奪ありきの集団ではありません。正確にいえば、軍事力を備えた貿易会社ということでしょう。

その親玉が、安徽省出身の「王直」という人物でした。

王直について、私は『五峰の鷹』(小学館文庫)という小説に描きました。

王直は東シナ海全体で五万人の配下を持っていたという記録があり、舟山諸島を拠点として私貿易を支配していました。

王直は五島列島の福江と長崎県の平戸にも屋敷を持っていました。舟山―五島―平戸、ほぼ一直線でつながるこの三カ所を拠点に、明と日本とをまたにかけて、対日貿易を行っていたのです。

貿易の主な目的は石見銀山の銀の買い付けですが、王直の船団が越前の敦賀、三国の港に入ったという記録も残っています(『朝倉始末記』)。

そこには、王直の船が入ると、周辺の商人は先を争って買い付けに来たと記されています。陶磁器、漢方薬、生糸……日本で人気の高価な商品を山ほど積んでくるのですか

ら、当然商人が殺到するでしょう。
日本から輸出するものとしては、北海道産の昆布などの海産物が人気だったといいます。

その活動範囲は、九州方面だけでなく、越前にまで及んでいたのです。

王直の対日貿易に目を付けたのが、マカオに拠点を持つポルトガルでした。

王直が石見銀山の銀で大儲けしているという情報を得たポルトガルは、王直から利権を奪うためにある策略を練ります。

ポルトガルは明と交渉し、「明に出頭すれば、禁止していた私貿易を王直に限って許す」という勅命を出させたのです。一五五七年、それを信じた王直は帰国するのですが、直後にとらえられ、二年後に処刑されてしまいます。

しかし、王直がいなくなっても、後期倭寇と呼ばれる人たちは依然として残り、南蛮貿易の隙をついて私貿易を行っていました。

後期の倭寇は中国人が多数でしたが、日本人もおり、彼らの多くは一向一揆衆だった

のではないかと思われます。
少なくとも、紀州の雑賀衆が加わっていたことがわかっています。

種子島にポルトガル船は「漂着」していない

「一五四三年、種子島に鉄砲が伝来」

読者のみなさんは、この史実を学校で習ったことでしょう。また、そこに「漂着したポルトガル人によって」と書かれていたのではないでしょうか。

はっきり言えば、「漂着」など、まったくのウソです。

三人のポルトガル人は、倭寇である王直の船で種子島に来ているのです。これは記録としてはっきり残されており、ポルトガル側が王直に頼んで日本に連れてきてもらったのは間違いありません。

ポルトガルには日本と貿易をしたい、大きな理由がありました。

一つめは鉄砲の売り込みです。日本という新たな鉄砲のマーケットがほしかったのです。

同時に、種子島には質のよい硫黄がありました。

鉄砲の弾を撃つために必要な火薬の原料は、硝石、木炭、硫黄《いおう》です。硝石は東南アジアでも産出しますが、硫黄はなかったのです。

ところが種子島の隣にある硫黄島では、その名のとおり良質の硫黄が産出しました。

硫黄は後期倭寇を通して輸出されていたので、倭寇の親玉である王直はこのことを知っていたはずです。

ポルトガル側は、日本に「鉄砲を売り込み、硫黄を買い付ける」という目的をもって計画的に種子島にやってきたのであり、それは「漂着」などではありませんでした。

ポルトガル側はさらに、種子島に鉄砲や火薬の生産工場、今でいう「現地プラント」を作りたかったのではないかと考えられます。

種子島で鉄砲と火薬を生産すれば、硫黄を日本で買って東南アジアに運ぶより効率がいい。そこで鉄砲工場を建て、日本中に鉄砲を売りつけようという作戦だったのだと思います。

そして、三人のポルトガル人が尖兵《せんぺい》のように渡ってきたわけです。

薩摩には「刀鍛冶」が数多くいました。その技術を応用して鉄砲を作ることはできたでしょうが、肝心の原材料が不足していました。

鉄砲の砲身を作るためには「軟鋼」が必要です。砲身を筒状にするために、軟らかい鋼である軟鋼が必要だったのです。

その製造工程は次のとおりです。

まず軟鋼を餅のようにくるりと芯棒に巻いて、鉄砲の銃身を作る。しかしこれだけでは火薬の爆発に耐えられないので、その周りを鋼で葛《かずら》のように巻いていくのです。

当時の日本には、この「軟鋼」を作る技術がなかったといわれています。

また、鉄砲のカラクリ部分には「真鍮《しんちゅう》」も必要です。真鍮は銅と亜鉛の合金なのですが、それを作る技術も明治維新まで日本にはありませんでした。

つまり鉄砲を作り、実戦で使うためには、軟鋼、真鍮、硝石、鉛を輸入しなくてはなりません。その輸入ルートである南蛮貿易を支配していたのは、マカオを拠点とするポルトガルでした。

ですから、種子島にプラントを作って鉄砲を生産できれば、戦国大名たちが鉄砲を使

えば使うほどポルトガルに儲けが転がり込んでくる。しかもその支払いを、石見銀山や生野《いくの》銀山で採掘した優良な銀でさせれば、儲けは何倍にもなる。

ポルトガルはそう考え、三人のポルトガル人を王直の船に乗せて種子島に向かわせ、鉄砲の売り込みをさせたに違いありません。

その証拠に伝来の翌年には、砲身の尾栓《びせん》の雌ネジを切るための工作機械（タップ）を種子島に持ち込み、鉄砲生産を開始しているのです。

この時代のヨーロッパには、すでに産業資本主義のようなこうしたやり方が定着していました。

日本にたくさん車を造らせて石油を売り込む、アメリカの石油メジャーのようなものだと考えれば理解が早いのではないでしょうか。

「グローバル日本」を消した鎖国史観

信長が生きた一六世紀、秀吉の時代から徳川幕府へと向かう一七世紀、いわゆる戦国時代はこのように活気のあるグローバル社会だったのです。

しかし日本人の多くは、そうしたイメージを持っていないでしょう。

なぜなら、鎖国政策を取った徳川幕府が、二百五十有余年もの間、庶民には外国があることを教えなかったからです。

幕府の上層部や学者、オランダや中国との貿易が許されていた長崎の出島の近くの人は知っていたでしょうが、おおっぴらに語られることはありませんでした。

そのため江戸時代だけでなく、開国した明治以降の歴史教育においても、「鎖国以前」である戦国時代にこのように外国の影響があったことを教えなくなってしまったのです。

初めて日本にポルトガル人がやってきたのが一五四三年。「島原の乱」後、徳川幕府が第五次鎖国令を出し、完全に鎖国したのが一六三九年。日本という国が初めて欧州に接してから、完全に鎖国するまで、約百年間もあります。

一方、明治政府が成立したのは一八六八年。百年後といえば、一九六八年（昭和四十三）です。

一九六八年の日本を思い起こせばわかるように、百年あれば欧州との貿易、外交はか

なり進み、さまざまな文化、生活様式も取り入れられます。

そうした事実を無視し、外交や貿易という視点を持たない戦国史観には、何の意味もありません。

たとえて言えば、現在の日本を日米関係、国際貿易抜きで語るようなものです。

技術革新についていけず武田は滅びた

鉄砲が伝わったことで、日本の戦は劇的に変わりました。

当時の日本には二万挺ほどの鉄砲があり、世界一の保有量だったといわれていますが、銃撃戦には火薬と弾が必要です。

その量は、いったいどれくらいだったのでしょうか。

例えば長篠の戦いにおいて、織田、徳川の連合軍は鉄砲三千挺を使い、武田勝頼軍に勝利を収めました。戦いは朝八時に始まって、午後二時ごろには決着がついたと記録されています。

三千挺の鉄砲で、いったい何発の弾を撃ったのか。長篠の戦いの後に武田勝頼が発し

た文書によると、「鉄砲足軽一人につき三百発の弾を用意しなさい」と命じています。織田軍も同じくらいだと類推すると、一挺三百発として、計九十万発。武田軍の戦死者は約一万人といわれていますから、単純に計算すると一人の兵が九十発撃たれていることになります。

もちろんすべて当たるわけではありませんが、三分の一当たったとしても三十発も撃たれているのです。

一方、弾に必要な鉛はどれくらい使ったでしょうか。

一番小さい弾である三匁玉を使ったとして、一匁が約三・七五グラムですので一発は約十一・二五グラム。九十万発の弾を作るためには約十トンもの鉛が必要だということになります。

戦をするためには、それだけ大量の鉛を入手しなければならなかったのです。

当時、国内で使われた鉛の約七割が輸入に頼っていたという研究結果がありますから、海外貿易で軍事物資を手に入れることのできない大名は勝てずに没落していきました。

その顕著な例が、武田勝頼でしょう。

鉄砲という技術革新、それに伴って必要になった貿易競争についていけなかった武田は没落していきます。

こうした新技術による産業や軍事の変化は、現代に通じるものがあるのではないでしょうか。現代に生きる私たちにとって、遠い昔のおとぎ話のように感じるかもしれませんが、江戸時代より、むしろ今に近いと思うのです。

初めて欧州に触れ、押し寄せてくるグローバル化の波に、日本はどう対処するのか？どうすれば植民地化されずに、生き残れるのか？

そうした課題を何とか乗り切ろうとしたのが信長であり、秀吉、家康だったと思います。

戦国時代の史実を、世界と日本との関係を踏まえてきちんと学べば、現代のグローバル化の問題を乗り切るための非常にいいテキストになると思います。

キリスト教の存在が信長と朝廷との対立を深めていた

当時、ポルトガルとの南蛮貿易を仲介していたのはイエズス会です。

イエズス会はカトリック教会の修道会ですが、世界各地に布教すると同時に交易の仲立ちもする貿易会社のような一面もありました。

イエズス会はキリスト教に好意的な者にしか貿易の仲立ちをしないので、先進的な大名たちはこぞってイエズス会に近づきました。一部の大名たちがキリシタンになったのは、信仰心もあったかもしれませんが、貿易で物資を手に入れたいという思いも強かったのです。

また、イエズス会から宣教師としてやってくるのはかなりのエリートです。彼らが伝える欧州の文化や最新の学問もまた魅力的だったのでしょう。

宣教師たちと交流し、教えを受けるうちに洗礼を受けた大名たちが、いわゆる「キリシタン大名」です。

そうした流れに乗らず、自前で貿易を行ったのが、薩摩の島津家です。薩摩の場合は、硫黄の産地である硫黄島が領土ですから、硫黄を売って硝石や鉛を買うことができまし

た。

鉄砲が広まった戦国時代は、海外貿易で手に入れる軍事物資がなければ戦争に勝てない時代でした。

信長もまた、貿易という目的でイエズス会に近づきました。キリシタン大名になることはありませんでしたが、イエズス会の求めに応じてキリスト教を保護します。

永禄十二年（一五六九）四月、信長は宣教師ルイス・フロイスが京都に住むことや洛中で布教することを許可しています。京都には南蛮寺、つまり教会の建設を認め、安土にはセミナリオ（神学校）を建てさせています。

一方、朝廷としては、キリスト教が日本に広まることを認めるわけにはいきません。

キリスト教をめぐる朝廷と信長との対立は通奏低音のように続き、最終的に信長は朝廷を乗り越えるために「太上天皇」を目指すのです。

第五章　戦乱の日本を覆うキリシタンネットワーク

カトリックによるレコンキスタとは

ポルトガル人がやってきたことが、日本とヨーロッパの出会いであり、日本の社会構造は劇的に変わりました。

大航海時代が日本を変えたのです。

では、大航海時代を引き起こしたイベリア半島の当時の事情は、どのようなものだったのか。その点を知らないと、戦国時代もわからないということになります。

大航海時代を起こした要因は、「レコンキスタ」でした。レコンキスタはスペイン語で、「reconquista」。re＝再び、conquista＝征服で、「再征服」という意味になります。

誰が何を再征服するのか。ローマ・カトリックが、イベリア半島を再征服するという意味なのです。

イベリア半島はもともとローマ帝国の領土でした。しかし、八世紀初め、ローマ帝国の力が弱まると、アフリカ方面から攻めてきたイスラム教徒がイベリア半島を支配するようになります。

以来、異教徒に奪われたイベリア半島を奪回すること、すなわち「レコンキスタ」が、カトリック教会の悲願になるのです。

悲願達成のため、一〇九六年から一四九二年まで、なんと四百年近くもの間、イベリア半島に十字軍を送り続けます。

一二世紀には、十字軍から派生したテンプル騎士団が基礎となって、ポルトガルが建国されます。スペインは、一四七九年に建国。その後、一四九二年のグレナダの陥落で、イスラム教徒をイベリア半島からすべて追い出し、レコンキスタを完遂しました。

イベリア半島がカトリックによって統一されたのです。

イエズス会はカトリック教会の支持を取り付け、レコンキスタを完成した熱気そのままに世界布教へと向かいます。もともと十字軍をルーツとしていますから、イエズス会も軍事組織の形態を取っています。

第一の目的は、もちろんキリスト教の布教ですが、現在の正統なカトリックのイメージで考えてはいけません。

イエズス会の別称は「Jesuit」といいます。この英語には、詭弁家という意味もあり

ますが、世界布教の過程でそう呼ばれてもしかたのないようなことをしてきたのです。

第二の目的は海外からの収奪でした。

イベリア半島への騎士団遠征の費用がかさみ、財政難に陥ったポルトガルやスペインは、他国を征服し、植民地にして富を収奪することで危機を乗り切ろうとします。

イエズス会も布教と同時に貿易をし、さらにその国を征服するための尖兵の役割を果たす組織になっていくのです。

ゴッドファザーとゴッドサン

イエズス会は軍事組織の形態を取っていますから、上の言うことには絶対服従が鉄則。「上」というのは、彼らにとっては「ゴッドファザー（洗礼親）」です。

キリスト教において、洗礼を受けるときに立ち会い、神との契約の証人になる役割を果たす人物が「ゴッドファザー」。洗礼を受けた本人は「ゴッドサン（洗礼子）」になるのです。

イエズス会においてはヒエラルキーがすべてですから、ゴッドサンにとってゴッドフ

ァザーの言うことは絶対です。

マーロン・ブランドが主演した『ゴッドファーザー』という映画で描かれたマフィアのヒエラルキーは、まさにキリスト教における「ゴッドファザー」「ゴッドサン」の関係を利用したものなのです。

「ゴッドサン」がやがて「ゴッドファザー」になり、またその「ゴッドサン」が「ゴッドファザー」になり……上の者に従いますから、「ねずみ算」式に強大なヒエラルキーができあがります。

ポルトガル人やイエズス会は、大航海時代の幕開けとともに日本にやってきました。南蛮貿易で得る物資がなければ戦に勝てなくなっていた大名たちは、こぞって宣教師に近づきます。

最初に日本にやってきたフランシスコ・ザビエル、『日本史』というすばらしい記録を著したルイス・フロイス、そして、当時イエズス会の東インド巡察師という要職にあったアレッサンドロ・ヴァリニャーノ。

宣教師たちは、母国においてかなりのエリートであり、彼らがもたらす欧州の最先端

キリシタン大名ネットワーク

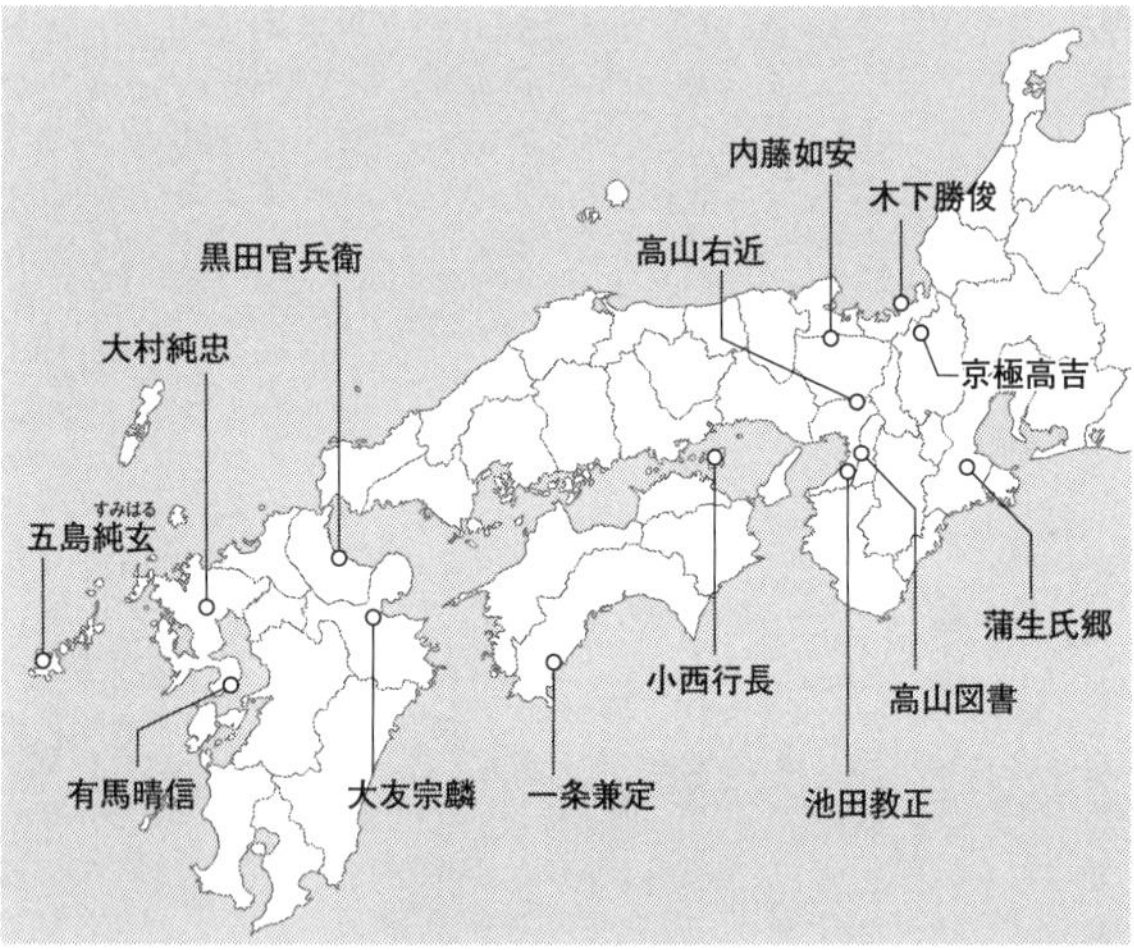

の学問、情報は、革新的な大名ほど魅力的だったはずです。

イエズス会に近づいた大名たちは、純粋なキリスト教への興味ばかりではなく、貿易で手に入る物資や最先端の学問に惹《ひ》かれたのでしょう。

高山右近、黒田官兵衛、大友宗麟、大村純忠、有馬晴信——キリスト教に入信した大名は「キリシタン大名」と呼ばれました。

大村純忠などは、天正八年（一五八〇）に、イエズス会に領地である長崎を寄進してしまいます。秀吉が天正十四年（一五八六）の九州平定後に取り

戻すまで、長崎は教会領地だったのです。

地域や家を超えるヒエラルキー

大名が入信すれば、その家臣にも入信する者が続々と現れます。

そのためイエズス会のヒエラルキーと従来の主従関係のヒエラルキーの、二重構造が生まれました。

キリシタンは、どちらのヒエラルキーを優先するか。やはり宗教心のほうが強く、イエズス会のヒエラルキーを優先します。つまり、ゴッドファザーに従うのです。

イエズス会は、このヒエラルキーを巧みに利用し、その地の政権を倒して植民地にするやり方を世界中で繰り返してきました。

私は以前、ルイス・フロイスの『日本史』を読むたびに腹を立てていました。

そこには、仏教や神道の信者は「悪魔の教えに取り憑かれた者である」などと勝手なことばかり書かれていたからです。

あまりにも勝手で、書かれていることを信じていいのかと疑ったことさえありました。

しかし、フロイスの故郷であるポルトガルを旅して以来、『日本史』の読み方が変わりました。

中世に建てられた聖堂や礼拝堂が数多く残るリスボンの街を歩き、その地で『日本史』を読むと、「この国から日本にやってきたら、フロイスのように感じるだろう」と自然と思えたのです。

フロイスは十七歳でリスボンを旅立ち、インドのゴアでフランシスコ・ザビエルに出会い、日本にやってきます。フロイスには悪気があるのではなく、信仰のみが正しく、信仰を持てたことが幸せだったのでしょう。

ほかの宗教は間違っており、日本人もまたキリストの教えに導くことが自分の使命であるという強い信念を持っていたのです。

当然ながらイエズス会は、日本もブラジルやマカオなどと同様に植民地にしようと考えていたのです。

そのために最も役立つと考えた人物が、当時天下統一の道を駆け上がろうとしていた織田信長でした。

信長を「育てた」イエズス会

ポルトガル人が来日し、南蛮貿易が始まって以来、貿易船が東シナ海を往来するようになり、信長は東アジアを見据えた商業流通政策を取らなければならないと考えるようになりました。

信長はその拠点を堺に置き、堺の商人たちと手を組みます。貿易相手であるポルトガルとの仲介役はイエズス会でした。

ポルトガルの商人たちも、政府の許可がなければ日本には来られませんし、日本側も、マカオあるいはインドのポルトガル総督府の許可が必要でした。そこでイエズス会がポルトガルの総督府に取り次ぎ、貿易の許可を与えるように計らったのです。

南蛮貿易が必要だと考えた信長は、宣教師ルイス・フロイスに洛中での布教活動を許可し、安土にはセミナリオを建てるなど、イエズス会を手厚く保護しました。イエズス会を通じて、ポルトガルと友好な関係を築いていたのです。

イエズス会としても日本をキリスト教化し、いずれ植民地化するために信長は役立つ

と考えたのでしょう。お互いがお互いを必要としていました。

ところが、一五八〇年一月、スペインがポルトガル王室を乗っ取り、ポルトガルを併合してしまいます。

これまで信長は、軍事物資である鉛や硝石などをイエズス会から優先的に手に入れることができました。またイエズス会は、信長の軍事顧問団的な役割も果たしていました。

二〇世紀の東西冷戦の時代に、アメリカが発展途上国に軍事的な援助をし、政権を作ったり、壊したりしていました。ソ連もまた同じようなことをしていましたが、同じようなことを当時のポルトガルもしていたのです。

信長の急成長は、イエズス会から軍事的、経済的に優遇されたことが一つの要因でした。

しかし天下統一を目前にして、大変な危機に陥ります。スペインがポルトガルを併合したために、信長はスペインとの関係をどう築くかという問題に直面しました。

その交渉をするためにやってきたのが、アレッサンドロ・ヴァリニャーノでした。イエズス会が、ヴァリニャーノにスペインと信長との仲介役を果たすように命じたのです。

天正九年（一五八一）二月、ヴァリニャーノははじめて信長と対面します。対面の場は、信長が内裏の東側で催した馬揃えの会場でした。

馬揃えとは、馬を集めて自らの威勢を披露する行事であり、今でいう軍事パレードです。

この日の馬揃えは天皇の上覧に供するという名目で行われましたが、信長の真の狙いは、ヴァリニャーノに「この国の支配者は自分である」と誇示することでした。

信長はヴァリニャーノに、自分はすでに日本を掌握し、天皇さえも動かせるのだという事実を見せつけ、以後の交渉を有利に運ぼうとしたのです。

宣教師兼外交官ヴァリニャーノ

新たにスペインと親交を結ぶことは、信長が南蛮貿易を続けるためにはどうしても必要でした。

ヴァリニャーノは前述したようにスペインからの要求を信長に伝えます。

「明国出兵」と「イギリス、オランダとの断交」です。

要求としては居丈高ですが、ヴァリニャーノ自身はほかの宣教師に比べて、比較的高慢ではなかったと思えます。

世界的な視野を持ち、日本と日本人の性質をよく知ろうとする。いわば「知日派」であり、イエズス会のために『日本の風習と流儀に関する注意と助言』という指導書も執筆しています。

それまでの日本における布教方針を大きく変えようとしたヴァリニャーノは、日本人司祭育成のため各地にセミナリオを設立しました。

そして、天正十年（一五八二）一月二十八日には、ヴァリニャーノの計画による天正遣欧少年使節が長崎を出港します。

大友宗麟、大村純忠、有馬晴信の名代として送られた使節は、伊東マンショ、千々石《ちぢわ》ミゲル、中浦ジュリアン、原マルチノという四人の少年。

目的はローマ法王やスペイン、ポルトガルにイエズス会の日本での布教活動を援助してもらうこと、また、日本人にキリスト教世界の偉大さを体験させて以後の布教に役立てることでした。

天正十年一月といえば、ヴァリニャーノと信長との交渉が失敗に終わり、日本における布教が先行き不透明になっていた時期でした。

それなのになぜ、ヴァリニャーノはこの時期に使節団を送ったのでしょうか。

今後も、日本における布教が可能だという確信があったからにほかなりません。スペインともイエズス会とも関係を断ち切ろうとしている信長ではなく、イエズス会の「息がかかった」秀吉が近いうち天下を取ると、ヴァリニャーノは知っていたのです。「本能寺の変」が起こり、秀吉が天下を取ったのは、使節団の出発からわずか五カ月後のことでした。

天下人秀吉は「明国出兵」をのんだ

秀吉が「本能寺の変」の情報をあらかじめつかんでおり、光秀を討って信長の「後継」の座に就いたことは、前述したとおりです。

そこには黒田官兵衛を通じてのイエズス会ネットワークが深く関わっていました。イエズス会とキリシタン大名たちが、秀吉を天下人に押し上げることに成功したのです。

無事に天下を取った秀吉に、イエズス会が「明国出兵」という条件をのませた――これが真実だと思われます。

天正十四年（一五八六）五月四日、大坂城を訪れた宣教師ガスパル・コエリョに対して秀吉がこう語っています。

> 日本国内を無事安穏に統治したく、それが実現したうえは、この日本国を弟の美濃殿（羽柴秀長）に譲り、予自らは専心して朝鮮とシナを征服することに従事したい。（中略）予はシナ人を支配する以外には彼らになにも求めず、予自身シナには居住せず、彼らの領土を奪うつもりはない。シナを征服した暁には、その地のいたるところにキリシタンの教会を建てさせ、シナ人はことごとくキリシタンになるように命ずるであろう
>
> （『完訳フロイス日本史4』中公文庫）

秀吉は、なんと、「明を征服したとしても領土は奪わず、キリスト教の教会を建て、明国民をキリシタンにする」と明言しているのです。

秀吉自身は、キリシタンではありませんでした。

であればこの言葉は、秀吉の信仰心から出たものではなく、天下人にしてもらった際の約束を履行するという意味で発したものだったのではないでしょうか。

最新鋭の大型船二隻を斡旋

ヴァリニャーノが送った天正遣欧少年使節は、二月十五日にマカオ、翌天正十一年（一五八三）十二月にはインドのゴアに到着しました。

翌年八月にリスボン、その後マドリードを経由し、天正十三年（一五八五）三月、バチカンでローマ法王グレゴリウス十三世に謁見。地元では、盛大な歓迎を受けたといいます。

五年後の天正十八年（一五九〇）六月、長崎に帰港。翌年閏一月、使節団の少年四人は、ヴァリニャーノに伴われて上洛し、聚楽第《じゅらくだい》において秀吉と対面しました。

ここで一つの疑問が生まれます。

天正十四年には、「明国をキリスト教国にするために征服する」と宣教師に宣言した

秀吉でしたが、実はそこには一つの条件が付されていました。

> なお予としては、伴天連らに対して、十分に艤装した二隻の大型船《ナウ》を斡旋してもらいたいと願う外、援助を求めるつもりはない。そしてそれらのナウは無償で貰う考えは毛頭なく、代価は言うまでもなく、それらの船に必要なものは一切支払うであろう。
>
> （フロイス前掲書）

ここでいう「大型船」とは、スペインやポルトガルが所有している大砲を装備した帆船のことで、現代でいえばスペースシャトルのような最新鋭の船でした。

秀吉はこの大型船があれば、明国征服は可能だと考え、コエリョに斡旋を依頼しました。コエリョも承諾したと思われますが、肝心のポルトガル海軍の艦長《カピタン》がこれを拒否しました。

そこで、秀吉は一種の脅しとして、翌年六月、突然バテレン（宣教師）追放令を出すのです。

遣欧使節と対面した天正十八年の時点で、秀吉は追放令を取り消していません。

それなのにヴァリニャーノと対面したということは、追放令を撤回したのも同然です。

なぜ秀吉は、ヴァリニャーノや少年使節たちと会ったのでしょうか。

最新の大型船を購入できなかったために、秀吉は明国出兵には及び腰になり、出兵は先送りになっていたはずです。

しかし石田三成らの官僚派が政権の主導権を握り、キリシタン大名らと組んで出兵を推し進めました。

実はヴァリニャーノに会うかどうかをめぐって、秀吉と黒田官兵衛の間で争いが起こっています。

小田原城攻めの陣中で、官兵衛は秀吉にヴァリニャーノに会ってくれるように頼みます。これはバテレン追放令を撤回せよと言うのも同じです。

すると秀吉は激怒して次のように言ったと、フロイスは『日本史』に記しています。


都からは日々悪い報せが巡察師の許に届いていた。というのは、関白は使節につ

いては堅く沈黙を続けており、巡察師の上洛に関しては希望も意向も示さず、インド副王が関白に贈った馬、その他の品物に対してもほしがる様子がないばかりか、時には胸中に秘めている決意を漏らすような言辞を吐いていたからである。

さらに（黒田）官兵衛殿が関東にいた時のことであるが、ある時、彼が我らの使節一行のためを思って発言すると、関白は、汝はまだ性懲りもなく伴天連どものことを話すのか。汝が伴天連らに愛情を抱いており、また汝がキリシタンであるために、汝に与えるつもりでいたもののうち、多くを取り上げたことを汝は心得ぬか、と答えた。

（『完訳フロイス日本史5』中公文庫）

ここに官兵衛が豊前十二万石しか与えられなかった理由が明記されています。秀吉は官兵衛の力で天下人になったものの、彼とイエズス会との親密すぎる関係を嫌がって十二万石しか与えなかったのです。

「汝はまだ性懲りもなく伴天連どものことを話すのか」

秀吉のその言葉には、キリスト教をめぐる両者の立場の違いがはっきりと現れていま

す。

しかし結局、秀吉は方針を転換してヴァリニャーノに会うことにしました。出兵が避けられないのであれば、イエズス会やスペインと和解し、良好な関係を築く必要があると考えたのだと思います。

何よりスペインを通さなければ、硝石や鉛、軟鋼や真鍮などの軍事物資が入手できないのです。

秀吉はヴァリニャーノや使節たちと会うことで、イエズス会、そしてスペインとの関係修復を世に知らしめたのです。

それにしても恐るべきは、イエズス会の情報収集能力です。

秀吉の本陣の奥の奥で語られた二人の会話を、どうしてこれほど克明に知ることができたのでしょうか。

もっとも可能性が高いのは、官兵衛本人がイエズス会に報告したということです。

そうでなければ、秀吉に近侍しているキリシタン武将や側近の誰かが報告したのでしょう。

いずれにしても今日のＣＩＡやＫＧＢ並みのインテリジェンスで、世界中を植民地化してきた彼らの能力の高さがうかがえます。

消されたヴァリニャーノとの交渉記録

天正九年（一五八一）二月の馬揃えが終わり、ヴァリニャーノは信長の援助で建てられた安土のセミナリオに泊まったようです。

その後七月十五日まで信長との交渉が続いたことがわかっていますが、日本側の交渉記録はまったく残っていません。

翌年の本能寺の変の後、安土城が焼かれた際に焼失したのかもしれませんが、私は江戸時代に幕府が破棄したのではないかと考えています。

鎖国政策をとり、外国はないものとして民を治めていた時代ですから、こうした外国との交渉記録が存在することは不都合だったのではないでしょうか。

資料がない以上、スペイン側の要求はその後の史実などから想像するしかありませんが、おそらく以下の二つで間違いないと思います。

一・明国に出兵すること。

「太陽の沈まぬ帝国」と呼ばれる大国になったスペインの最大の目標は、明を支配することでした。ところが当時のガレオン船一艘で運べる兵の数はせいぜい五百人です。

これでは海から攻めて港を抑えることはできても、内陸部には攻め込めません。そこで信長の兵力を利用して、明を植民地にしたかったのです。

一五八二年十二月、ヴァリニャーノがマニラのスペイン総督にあてた手紙に、その根拠となる文章があります。

> それらの征服事業の内、最大のものの一つは、閣下（＝マニラ総督）のすぐ近くのこのシナを征服することである。（中略）シナにおいて陛下が行いたいと思っていることのために、日本は時とともに、非常に益することになるであろう。それゆえ、日本の地を極めて重視する必要がある
>
> （『キリシタン時代の研究』高瀬弘一郎）

シナ、つまり明国を征服するために、日本は「非常に益することになる」と書いているのです。

この手紙が書かれたのは、「本能寺の変」の六カ月後ですから、ヴァリニャーノが期待しているのは秀吉の軍事的支援でしょう。それと同じ要求を、ヴァリニャーノが信長にしていたと考えざるを得ません。

二．イギリス、オランダと断交すること。

スペインは当時、植民地獲得競争において、プロテスタントの国であるイギリスやオランダから猛烈な追い上げを受けていました。そこでこれらの国と断交し、日本に一切寄港させないことを求めたはずです。

しかし、信長はいずれも拒否し、イエズス会やスペインと断交することにしました。

イエズス会と決別、急速に不安定化した信長政権

信長はヴァリニャーノが示したスペインの要求を拒否し、イエズス会と決別しました。

交渉の資料は残っていないのですが、確たる根拠となる史実があります。

天正九年（一五八一）七月十五日の盂蘭盆会《うらぼんえ》のこと。信長は安土城内の摠見寺《そうけんじ》に石を置き、自分自身をご神体として家臣や領民に参拝するよう求めました。

これは信長が神になるほど思い上がっていたからだと語られますが、これは間違いです。信長の狙いは「自分はイエズス会と決別したので、お前たちも摠見寺に参拝することでキリスト教の信仰を捨てたことを示せ」という「踏み絵」にすることだったのだと思います。

フロイスは『日本史』の中で、この盂蘭盆会の一件を痛烈に批判しています。

> 彼（信長）はもはや、自らを日本の絶対君主と称し、諸国でそのように処遇されることだけに満足せず、（中略）自らが単に地上の死すべき人間としてでなく、あたかも神的生命を有し、不滅の主であるかのように万人から礼拝されることを希望した。
>
> （『完訳フロイス日本史3』中公文庫）

さらにフロイスは、「自分たちのおかげで天下人になった」と取れる記述も残しています。

フロイスの怒りは、すなわちイエズス会の怒りだと考えてよいでしょう。

スペインとの交渉決裂以降、信長政権は一気に不安定になります。

例えば現在の日本で、首相が「アメリカと国交断絶する」と宣言したら、政権は三日ともたないでしょう。それくらい大変な事態でした。

イエズス会という後ろ盾がなくなった今、「信長を倒せる」と思った人物が次々と現れました。

足利義昭、近衛前久、明智光秀、そしてキリシタン勢力です。

当初は貿易や最新の学問のためにイエズス会に近づいたのかもしれませんが、熱心な信者になった大名も数多くいたのです。信長がイエズス会と手を切った今、信長に従う必要はない――多くのキリシタン大名はそう考えました。

キリスト教の伝来以降、日本にも「ねずみ算」式に強大な組織が生まれましたが、中でも最強のゴッドファザーとして知られるのが、高山右近、黒田官兵衛です。

彼らに従う「ゴッドサン」たちは、三十～七十万人ほどいたと推測されています。仮に三十万人として、その三分の一が戦闘要員になれるとすると十万人。それだけの信者が地域や家を超えた組織を築き、「ゴッドファザー」のために戦うのです。

打倒信長の動きを見せるキリシタン大名たち——特に黒田官兵衛は、主君である秀吉を天下人として新しい政権を作ろうと、イエズス会とともに画策し始めます。これを仮に「キリシタン大名派」としておきましょう。

それが、「本能寺の変」前夜の日本の状況でした。

葬儀もキリスト教式だった黒田官兵衛

黒田官兵衛は熱心なキリスト教信者であり、死ぬ前に告解をし、キリストの教えどおりに亡くなり、葬儀もキリスト教式で行っています。

大河ドラマの主人公にもなった人物ですが、官兵衛がキリシタン大名だったということを、知らない方も多いのではないでしょうか。

それは黒田家がその事実を隠し、資料として残していないからなのです。

官兵衛が本能寺の変の後、秀吉の懐刀《ふところがたな》として鮮やかな働きができたのは、前述したように「日本最大のゴッドファザー」であったからにほかなりません。

後に関ヶ原の戦いが始まると知った官兵衛は、九州征圧を目指し、蓄えた銭をすべて使って牢人や領民を雇い集めて軍勢を編制しました。それは大友宗麟の家臣だったキリシタンの牢人たちが大勢いたからこそ可能だったのです。

歴史書では、「牢人を雇い集めた」ことは記しても、彼らがキリシタンだったことは書き残さないのです。

また、一般的な史書では、官兵衛が関ヶ原の戦い後、筑前に移ってからはキリスト教とは距離を置き、禅宗などに傾倒したとされています。しかし、これはキリスト教が禁教となった江戸時代に編纂された『黒田家譜』の影響を受けた俗説です。

官兵衛は、最期までキリシタンであり、キリシタンとして死にたいと願ったのです。

それは官兵衛の葬儀に出席したマトス神父の慶長九年（一六〇四）の報告書（『キリシタン研究　第二十四輯』キリシタン文化研究会編）に明確に記されています。

そして臨終の際、彼は告解をするために神父を呼ぶように願った。ところが、彼の側近は、何故かと言って神父を呼ばなかったので、彼は死ぬ前に告解することができなかった。しかし彼は、自分のアニュス・デイ（祈禱文）とロザリヨ（十字架のついた祈りの道具）を持ってくるように願い、自分はキリシタンとして死にたいと言いながら、それを胸の上に置いた

彼の遺体は遺言に従って、博多の神父のもとに運ばれ、キリシタンの作法によって葬儀が行われました。

その様子もまた、同報告書に記されています。

それで四月の或る夜の十時と十一時のあいだ、我らは彼を、博多の町の郊外にあってキリシタン墓地に隣接している松林のやや高い所に埋葬した。葬列の時、彼の嫡男筑前殿（長政）およびその領国の主立った家臣が彼の遺体につきそい、年寄衆、諸域の城番―彼らは転んだキリシタン―は龕（葬台）を担い、彼の弟で真の立派な

> キリシタンであった惣右衛門殿が十字架をかかげ、その一人息子左平次殿と町の支配人宗也の孫で高木彦左衛門の息子とが松明を持ち、（以下略）

惣右衛門は官兵衛の弟黒田直之、左平次は直基のことであり、年寄衆が「転んだキリシタン」になっていたということは棄教したということです。

臨終の際も、側近は「何故かと言って神父を呼ばなかった」と書かれているように、このころからキリシタン禁教への動きがあったことがうかがえます。

しかし、黒田直之とその子直基は、キリシタンの教えを忠実に守り、官兵衛の遺言どおりにキリスト教式の葬儀を行ったのでした。

これだけ明らかな記録があるのに、黒田官兵衛が亡くなるまでキリシタンだったことは現代においてもあまり知られておらず、官兵衛を主人公とした大河ドラマでも触れられませんでした。

江戸時代のキリスト教弾圧がすさまじかったゆえに、その事実がいかに徹底して消されたかを物語っています。

キリシタン大名派に寝返った毛利輝元

キリスト教が禁教となった江戸時代、キリスト教の「キ」の字も言ってはいけませんでした。

寛永十四年（一六三七）から寛永十五年（一六三八）の島原の乱で、日本におけるキリスト教信仰は終わったと思われるかもしれませんが、そんなことはありません。その後も日本全国で信仰は守られ、幕府の弾圧と殉死は延々と続けられたのです。

そのような状況で先祖がキリシタンだったという記録を残すことは、家の存続に関わる問題でした。子孫たちは、当然、先祖がキリシタンだったという記録は一切消し去ろうとします。

ですから、なかなか資料としては出てきませんが、相当数のキリシタン大名、そして信者となった家臣や領民たちがいました。

例えば、毛利家です。

フランシスコ・ザビエルが日本で初めて布教をしたのは山口です。山口はいわば、日

本におけるキリシタン発祥の地といってもいいでしょう。

山口の領主である毛利家は石見銀山を持っており、その貿易のためにイエズス会と深いつながりがありました。

毛利元就、輝元についての記録はないのですが、後に久留米城主となる元就の九男秀包はシマオの洗礼名を持つキリシタン大名でした。

家臣や領民にも多くのキリシタンがいたことは確実で、黒田官兵衛は九州征伐の折に毛利領を通った時、毛利家に土地を寄進して教会を建てるように命じています。

毛利輝元は足利義昭のもとで副将軍を務めていた「朝廷・幕府復興派」だったが、本能寺の変の後、「キリシタン大名派」に寝返ったのではないか。私がそう推察するのは、こうした史実があるからです。

前田利家もキリシタンだったのか

そのほかにも、キリシタンの関係者は数多くいます。

有馬晴信、小西行長、伊達政宗などがキリシタン大名として知られていますし、前田

利家もキリシタンだったといわれてます。利家は秀吉のバテレン追放令によって領地を放棄した高山右近を引き取っていることから、その可能性は高いと思います。

細川藤孝がキリシタンだったという記録はないのですが、妻の麝香《じゃこう》はマリアという洗礼名を持つキリシタンでした。

当時、妻が夫の許可なく洗礼を受けるとは考えられませんから、少なくとも理解はしていたのだと思います。

奥さんを名代のような形にして、キリシタン、イエズス会と付き合いを持っていたのかもしれません。

幽斎の息子忠興も一時キリシタンであり、妻の玉子は洗礼名「ガラシャ」として有名です。忠興の弟である細川興元もキリシタンでした。

茶道とキリスト教の密接な関係

茶の湯は、南蛮貿易の拠点であった堺の商人たちの間で、盛んに行われていました。千利休もまた堺の商人です。

大名たちにも茶人は多く、信長は千利休を茶の湯をつかさどる役目である「茶頭」に任じています。

南蛮貿易のためにやってきたイエズス会もまた、茶の湯文化を受け入れようとし、教会の中に茶室を設け、茶人に茶室と茶道具を管理させていました。

最初にお濃茶をいただいたとき、私は「神水《じんすい》の誓い」と同じではないかと思いました。「神水の誓い」とは、昔の武士たちが結束を誓うとき、神前で起請文を焼き、その灰を水に溶いて回し飲みすることです。

しかしロンドンの教会でミサを体験した今は、「聖杯授与」により似ていると思うようになりました。

茶室では先にお菓子を食べてから、お茶をいただくのですが、この作法も聖杯授与と似ています。

堺の商人とイエズス会の深いつながりを考えれば、お茶の作法にカトリックの作法が取り入れられたとしても不思議はありません。

お茶の作法を確立した利休がキリシタンだったという証拠はありませんが、少なくと

も信仰のごく近いところにはいました。

千利休の高弟で、「利休七哲」と呼ばれる大名たちがいます。

蒲生《がもう》氏郷《うじさと》、細川忠興、古田織部《おりべ》、芝山宗綱、瀬田正忠、牧村利貞、そして高山右近。

うち五人はキリシタンだったことがはっきりわかっています。

「茶の湯、堺、キリシタン大名」の密接な関係がよくわかります。

三十万人による大情報戦

現代の私たちが考える以上に、信仰によって結ばれたキリシタンネットワークは広大かつ強力なものだったのです。

イエズス会のヒエラルキーですから、上の者の言うことは絶対。兵力は男でなければなりませんが、あらゆるところで耳をそばだてることは女や子どもにもできます。

前述した試算でいえば、ゴッドファザー黒田官兵衛の配下三十万人が「諜報機関」に属しているようなものでした。

陰謀と裏切りにあふれる時代、彼らの情報網はものをいいました。

本能寺の変についても、もちろんです。

近衛前久は信長暗殺の計画を吉田兼和に打ち明け、兼和から従兄弟である細川幽斎に話す。幽斎はキリシタンネットワークによって黒田官兵衛にそれを伝える——。

そこで官兵衛は、「信長亡き後」を想定した、秀吉政権の樹立を計画したと考えられるのです。

信長がイエズス会と決別して失った最大のものは、キリシタンの情報網だったかもしれません。

それまではキリシタンたちからイエズス会に上がった情報が、逐一信長に伝えられていたはずです。

本能寺の至近距離に南蛮寺（キリスト教会）が建てられていることが、両者の親密な関係をうかがわせます。

その情報をもとに信長は的確な判断ができたのですが、イエズス会と手を切った途端に情報網を失い、レーダーを失った飛行機のように迷走状態に入ったのでしょう。

本能寺の変前後の情況を読み違えたのは、そのためだったような気がします。

第六章　「本能寺の変」前と後

信長を通して、戦国を知る

歴史小説を書き始めて以来、織田信長について調べ続けてきました。

「好き」かと問われたら、少し考えてしまいます。

命を失うことさえ恐れず、理想の国家を求めて走り続けた信長。しかし、子どもたちに見習えといえるような人物、普通の意味での英雄ではありません。

少年時代は「うつけ」といわれ、青年期には父親の葬式で位牌に抹香を投げつけるような粗野な面を見せています。しかし成長した後には、休む間もなく戦い続け、天下統一の目前まで行く非凡な才能がありました。

一方で、比叡山の焼き討ちや一向一揆衆の虐殺など、戦国時代とはいえ目を背けたくなるような残虐性もあります。

戦いから離れれば、部下の妻に当たる秀吉の正室おねにやさしさを見せたりもしますが、人の情には無頓着な面もありました。

「好き」というより、そうしたいくつもの顔を見せる信長から、私は目が離せないので

す。あまりに強烈な個性に、魅入られてしまったのかもしれません。

古いしきたりなどにしばられず、合理的で先進的なものが好きだった信長は、西洋文化にも理解と興味を示し、キリスト教も保護します。

政治のうえで必要だったとはいえ茶道にも熱心に取り組み、千利休を茶頭にして「御《お》茶湯御《ちゃのゆご》政道《せいどう》」を行っています。

「信長のことがわかれば、日本がわかる」

そう直感した私は『信長燃ゆ』や『蒼き信長』（ともに新潮文庫）、『天下布武』（角川文庫）など多くの小説を書いてきました。

ところが書けば書くほど、調べれば調べるほど、信長という人物はわからないとつくづく思うのです。

しかし、信長がわからない理由だけはわかるようになりました。それは江戸時代に作られた史観によって、戦国時代や信長を解釈してきたからなのです。

このことについては前著にも書きましたが、もう一度簡単に触れさせていただきます。

鎖国によって隠された、グローバル化の波

まずは鎖国史観です。

これまで記してきたとおり、戦国時代は世界の大航海時代でした。

スペイン、ポルトガルが世界中で植民地獲得に乗り出したことが、鉄砲やキリスト教の伝来につながりました。

貨幣の流通が盛んになり、経済的に高度成長した活気あふれる時代でした。一方で、産業構造の変化によって、これまでの守護領国制にひずみが生じ始めました。

信長はこうしたグローバル化の波にどう対処するか、という問題に初めて直面した日本の為政者だったのです。

しかし、江戸時代、鎖国政策が取られたことにより、「外国」があることさえも庶民には教えなくなってしまいます。

そのために外交や貿易という視点を欠いた、国内的な視野しか持たない戦国時代史を作り上げてしまったのです。

経済的な視点から歴史を見る必要性

次は身分差別史観です。

南蛮貿易が活発に行われた戦国時代は、空前の高度経済成長時代でした。石見や生野などで産出した銀が輸出され、東南アジアからさまざまな商品が輸入されました。

国内の流通量は増大し、商人や流通業者が重要な役割を果たすようになります。信長はこのことをいち早く理解し、楽市楽座、関所の廃止、交通網の整備などの政策を行いました。

ところが、江戸時代になると「士農工商」の身分制度をとったため、戦国時代の商人や流通業者の活躍を、不当に低く評価しました。そのために商業、流通業、経済政策への目配りがない、身分差別史観を生み出したのです。

これは農本主義を守るための施策でもありました。

戦国時代はシルバーラッシュをきっかけにして高度経済成長を成し遂げた重商主義の時代でした。だからこそ、安土城や大坂城、姫路城などの建築ラッシュに沸き、絢爛豪

華な安土桃山文化が花開きました。

しかし、江戸時代になると、米を経済の中心とする農本主義政策が取られます。加賀百万石などというように、大名家の規模を石高で表すのはそのためです。戦国時代は重商主義だったのに、江戸幕府はどうして農本主義に転換したのでしょうか。

それは信長、秀吉、家康の経済政策に由来します。

そのことをもう一度おさらいしてみましょう。

戦国時代を表すキーワードは、銀と鉄砲とキリスト教です。

一五三〇年代に石見銀山が開発され、良質の銀が明国や東南アジアに輸出されるようになりました。

この貿易をになっていたのは王直を中心とする後期倭寇でしたが、やがてマカオを拠点とするポルトガルが参入します。

彼らの目的は銀を買い付けることでしたが、その対価を得る手段として日本に鉄砲を

売り込むことにしました。

また、南蛮貿易の仲介役としてイエズス会がやってきました。彼らはキリスト教の布教と貿易を仲介することで諸大名に食い込み、徐々に影響力を強めたうえで日本を植民地にしようと狙っていました。

その方針にうまく乗って台頭したのが信長です。信長はイエズス会を保護することで畿内における南蛮貿易を独占し、強大な力を得て天下統一を目ざしました。

信長の政策は中央集権と重商主義です。

秀吉もその政策を忠実に受け継ぎ、天下統一と高度経済成長を成し遂げましたが、朝鮮出兵を断行した揚句に無残な敗北を喫しました。

前後七年におよぶ出兵は国民に大きな負担を強い、これに耐えかねた農民が村から逃げ出すという事態が、日本各地で発生しました。

この状態をどうやって立て直すか。それが秀吉の死後に徳川家康や石田三成が直面した課題でした。

三成は豊臣政権の方針をそのまま受け継ぎ、中央集権体制と重商主義政策を取ろうとしました。

一方の家康は関東統治の成功に力を得て、地方分権体制と農本主義政策を取るべきだと考えていました。

直近の急務は疲弊した国土の復興と、誰もが食べられる食糧の確保です。そのためには地方分権と農本主義でなければ駄目だと考えたのです。

三成率いる西軍と家康方の東軍が激突した関ヶ原の戦いは、両者の政策の是非を問う選挙のようなものでした。

その戦いに一日で勝った家康は、幕藩体制を築くことによって公約どおり地方分権と農本主義政策を実現したのです。

これが重商主義から農本主義に変わったいきさつです。

ところがこうした経済史的な観点を、江戸時代の儒者たちはまったく持っていませんでした。

そのために戦国時代の代表選手である信長の解釈も、儒教的人格論にばかり拘泥《こうでい》した

トンチンカンなものになってしまいました。

そしてそれは、明治維新後も是正されることなく今に至っているのです。

それがどれほど大きな弊害を生んできたか。その一例として「桶狭間の戦い」の解釈についてご紹介いたしましょう。

明治三十五年（一九〇二）、陸軍の参謀本部は『日本戦史　桶狭間役』を編纂しますが、この中で信長が勝ったのは迂回戦術を取り、今川義元の本陣を奇襲したからだと解釈しています。

二万五千もの今川勢に二千五百人ほどの信長勢がどうして勝つことができたのかわからず、きっと奇襲攻撃が成功したのだろうと推測したのです。

この『日本戦史』は陸軍士官たちの教育にも使われたために、信長奇襲説を信じた士官たちは戦場で同じような作戦を好んで用いるようになりました。

それが第二次世界大戦中のインパール作戦のような悲劇を生み、日本の敗戦につながる原因の一つになったわけです。

ところが『信長公記』を読めば、信長が迂回や奇襲などしていないことは明白です。信長は桶狭間という狭い谷間に今川勢を誘い込み、鉄砲と長槍を組み合わせた新戦法で完膚《かんぷ》なきまでに打ち破りました。

この時用いたのは、スペイン陸軍のテルシオ部隊にならった戦法だと思われます。パイク兵と呼ばれる長槍部隊とマスケット銃（火縄銃）隊を組み合わせ、銃隊が弾込めする間の安全をはかる戦法です。

信長は火縄銃を買い付けた堺の商人やポルトガル商人、宣教師などからこの戦法を聞き、いち早く実践に用いたのです。三間半（約六・三メートル）もの長槍を使ったという記録が、そのことをうかがわせます。

ところが鎖国史観で育った明治の将校たちは、こうした発想をすることができず、無理やり迂回奇襲説を考え出し、あたかも真実のように士官たちに教え込んだのです。

戦国時代をいまだに鎖国史観で語り続けることは、これと同じ過ちを繰り返すことではないでしょうか。

公平な目と広い視野を持つ

歴史小説に取り組み続けて三十年、歴史の難しさと面白さを痛感しています。

難しさの一番の理由は、残された資料や史跡からだけでは、歴史の本当の姿はわからないことです。長年多くの研究者の方々が真実を追い求めて努力を続けてきたにもかかわらず、歴史を正確にとらえるのは極めて難しいのです。

残された史実は少ないし、それをどう解釈するかも立場によって違います。犯罪の証拠がテーブル一杯に並べられても、検察側と弁護側では見方がまったく違うのと似たようなものです。

面白いのは、史実をもとに当時の人々の生き方を推測していくと、予測したとおりの史料や史跡が発見され、推測が正しかったと証明されることがあることです。

例えば朝廷と信長の相克をテーマにして『信長燃ゆ』を書いていたとき、安土城の本丸に清涼殿と酷似した建物跡が発見されました。

これこそ信長が朝廷を意のままにしようとしていた証拠なのです。

また、長谷川等伯と狩野永徳の権力をめぐる争いを『等伯』（文春文庫）で書いていたと

きには、大徳寺にある信長の肖像画が改変されていたことが明らかになりました。
永徳は自分が描いた信長の肖像画を、秀吉に命じられてみすぼらしく描き直したのだと考えられています。それが等伯と永徳の生きざまの違いを、鮮やかに証明したのでした。

こうしてピタリと当たった時には、真犯人を見つけた名探偵のような気持ちになります。自分の史眼が狂ってはいなかったと、自信と誇りを持てるからです。

『石谷家文書』や土橋重治の書状が本能寺の変の解釈を大きく変えたように、一つの史実の発見によって従来の説が見直されることがたびたびあります。

それゆえ歴史にたずさわる者は自分の説に固執《こしつ》せず、公平な目と広い視野を持って史眼と史観を磨いていかなければならないのです。

そのことを肝に銘じ、これからも歴史の探究と魅力的な創作を続けていきたいと思っています。

徳川でも豊臣でもない国づくり

実は二年前にも、自分の推測と史実がピタリと一致する経験をしました。

それをご披露して、このつたない論考の結びとさせていただきます。

二十数年前、私は『風の如く 水の如く』(集英社文庫)を書きました。

関ヶ原の戦いの時、黒田如水(官兵衛)がキリシタンのネットワークを使って第三極を作り、漁夫の利を得て天下を取ろうとした、という構想にもとづく作品です。

これは『古郷《こきょう》物語』という江戸時代初期の書物に記された有名な話ですが、この中ではキリシタンのことには一切触れられていないので、そんなことがあるはずがないと史学界からは一顧だにされていませんでした。

しかし如水はゴッドファザーの一人であり、日本中のキリシタン大名や信者たちを動かすことができたのですから、決して夢物語ではあるまい。私はそう考え、小説を書き終えた後もそれに関わる史実がないかどうか注意を払ってきました。

すると二年前、決定的な証拠と思える書状に出会ったのです。

それは八代市立博物館に保管された、一般財団法人松井文庫が所蔵する加藤清正書状でした。

関ヶ原の戦いの十三日後、清正が細川忠興の重臣である松井康之と有吉立行に送ったもので、要点だけを紹介させていただきます。

> 如水より幸便に付いて、御状本望候。濃州面之《の》儀　心ちよき仕合《しあわせ》、併《あわ》せて少し残り多く存候（中略）今の分に候はば、中国面へ各《おのおの》　申し談ずる事は成る間敷かと存じ候

如水からの知らせで関ヶ原の戦いの結果を知った清正は、心地よいことだと喜んでいますが、少し残念だと本音を漏らしています。

その理由は、今の状況では中国方面についてみんなで計画したことは、実行できないだろうと見ているからです。

はたして如水と清正、豊後杵築六万石を預かっていた松井や有吉たちは、中国方面についてどんな計画を立てていたのでしょうか。

実はその謎にぴたりと符合する黒田如水の言葉があります。

これも『古郷物語』に記されていることで、その内容は次のとおりです。

関ヶ原の合戦の後、京都に移った如水の屋敷には、多くの大名たちが訪ねてくるようになった。これを知った山名禅高（豊国）は、「このことが家康公の耳に届いたら、不快に思われるでしょう。筑前五十二万石の太守となられた嫡男長政どののお立場にもかかわるので、自重なされた方がいいと思います」と忠告した。

すると如水は傲然《ごうぜん》と次のように言い放った。

「禅高どの、よく聞かれるがよい。この如水が家康どのの天下を奪おうと思えばた易いことであったのだ。関ヶ原の合戦の折、それがしは九州の大半を切り従え、残るところは島津ばかりであったが、これも国境《くにざかい》まで押しつめていた。島津を踏みつぶすか身方に引き込むか、いずれかの方法で九州全土を平定した後、長政を引き取つて兵を起こせば、中国は備前、播磨あたりまで大名衆が不在だから、一気に攻め上ることが出来る。その頃軍勢は二万ばかりいたが、それに各地の牢人どもを加え

て海陸から進軍し、徳川勢と出会い次第に合戦に及べば、家康どのを足腰立たぬほどに叩き伏せることなど容易であったのだ」

各地の牢人がキリシタンだとすれば、この計略が実現する可能性は十分にありました。清正は法華宗の信徒でキリシタンではありませんが、如水を師と慕っていたので計略に加わったのでしょう。

細川家が加わったのは、本能寺の変のとき以来キリシタンとしてのつながりがあったからだと思われます。

彼らが目ざしたのは、徳川でも豊臣でもない、キリスト教の信仰と布教が認められる国だったのでしょうが、家康がわずか一日で関ヶ原の戦いに勝ち、付け入る隙を与えなかったために不発に終わったのでした。

清正書状は以前から八代市立博物館に保管してあったのですが、こうした観点から注目されることはなかったようです。

私は『風の如く　水の如く』を書いたころから、毛利家の吉川広家もキリシタンではないかとにらんでいます。

だから如水の計略に加担し、毛利勢が南宮山から動けないようにしたのではないかと考えているのです。

今のところ証拠はありませんが、広家の母　新庄局《しんじょうのつぼね》の父親は熊谷信直。信直の孫元直はメルキオルという洗礼名を持つキリシタンで、官兵衛の影響を受けて入信しています。

しかも慶長十年（一六〇五）には、毛利輝元の命令で多くのキリシタンたちと共に粛清されているのです。

広家と元直は従兄弟《いとこ》であり、同じように官兵衛に心酔していたのではないか。そして広家もキリシタンだったからこそ、臨終にあたって官兵衛の墓の横に葬るように遺言したのではないか。

この推測を裏付ける証拠が発見されたなら、官兵衛の天下取りをテーマとした新しい関ヶ原の物語が書けるでしょう。

その日が近からんことを、祈るばかりです。

なお小著は信長や戦国時代についての物語を書くに当たって、折々に学んできたことをもとに記したものです。

その過程では、多くの研究者の方々の著作を参考にさせていただきました。

末筆ながら、厚く御礼を申し上げます。

【追記】

本稿を入稿した後、ふと気になって書庫にあったH・チースリク編著『芸備キリシタン史料』（吉川弘文館）を当たってみました。

その第二部史料編に、一六一六年三月にロドリゲス神父がヨーロッパにいる同僚の神父にあてた書簡が収録されています。

その中に吉川広家に関すると思われる記述があるので、紹介させていただきます。

アントニヨ石田神父は広島に定住し、そこから長門と周防のキリシタンを見舞った。彼はそこで豊後の国守（註、大友宗麟）の娘マセンチヤを訪れ、多くの人をキリスト教に改宗させた。それから彼はポルロ神父と降誕祭をともに祝うために帰ったが、吉川殿《キッカワドノ》に仕える小笠原宗中《オガサワラソウチュー》が彼を引きとめた。彼はそこで降誕祭を祝ったのち、前述のとおり、すぐに広島にもどった。

吉川殿に仕える小笠原が彼を引きとめたのは、吉川殿に命じられたからではないでしょうか。

そうでなければ、神父が主催する降誕祭など行えるはずがないと思うのです。

降誕祭は現代のクリスマスですから十二月二十五日です。大坂夏の陣が終わり、幕府によるキリシタン弾圧が熾烈を極めていたころ、吉川殿の領内の「そこ」（おそらく岩国城下）ではクリスマスのミサが行われていたのです。

これは吉川家とイエズス会の深い関わりを示す証拠であり、吉川殿とは広家のことだ

と見て間違いないと思います。

一六一五年十二月二十五日は元和元年十一月五日ですから、岩国周辺に残されたこの日の記録や日記類を調査すれば何かが出てくる。それはもはや確実だという気がしています。

関係各位のご協力をお願いいたします。

参考文献

藤田達生著『明智光秀伝　本能寺の変に至る派閥力学』（小学館、二〇一九年）

藤田達生著『本能寺の変』（講談社学術文庫、二〇一九年）

藤田達生・福島克彦編『明智光秀　史料で読む戦国史③』（八木書店、二〇一五年）

藤田達生著『証言　本能寺の変　史料で読む戦国史①』（八木書店、二〇一〇年）

藤田達生著『本能寺の変の群像』（雄山閣出版、二〇〇一年）

岡本隆司著『世界史とつなげて学ぶ　中国全史』（東洋経済新報社、二〇一九年）

柴裕之著『図説　明智光秀』（戎光祥出版、二〇一八年）

盛本昌広著『本能寺の変』（東京堂出版、二〇一六年）

平尾良光・飯沼賢司・村井章介著『大航海時代の日本と金属交易』（思文閣出版、二〇一四年）

高橋裕史『武器・十字架と戦国日本』（洋泉社、二〇一二年）

岡美穂子著『商人と宣教師　南蛮貿易の世界』（東京大学出版会、二〇一〇年）

佐々木稔編『火縄銃の伝来と技術』（吉川弘文館、二〇〇三年）

立花京子著『信長権力と朝廷』（岩田書院、二〇〇〇年）

フロイス著『完訳フロイス日本史3　安土城と本能寺の変　織田信長篇Ⅲ』

フロイス著『完訳フロイス日本史4　秀吉の天下統一と高山右近の追放　豊臣秀吉篇Ⅰ』
フロイス著『完訳フロイス日本史5　「暴君」秀吉の野望　豊臣秀吉篇Ⅱ』
（すべて松田毅一・川崎桃太訳、中公文庫、二〇〇〇年）
岡田正人編著『織田信長総合事典』（雄山閣出版、一九九九年）
小和田哲男著『明智光秀』（ＰＨＰ新書、一九九八年）
谷口克広著『織田信長家臣人名辞典』（吉川弘文館、一九九五年）
谷口研語著『流浪の戦国貴族　近衛前久』（中公新書、一九九四年）
今谷明著『武家と天皇』（岩波新書、一九九三年）
今谷明著『信長と天皇』（講談社現代新書、一九九二年）
秋田裕毅著『神になった織田信長』（小学館、一九九二年）
秋田裕毅著『織田信長と安土城』（創元社、一九九〇年）
松田毅一著『ヴァリニャーノとキリシタン宗門』（朝文社、一九九二年）
奥野高広著『織田信長文書の研究』（吉川弘文館、一九八八年）
太田牛一著『信長公記』（角川文庫、一九八四年）
高瀬弘一郎著『キリシタン時代の研究』（岩波書店、一九七七年）
Ｈ・チースリク編著『芸備キリシタン史料』（吉川弘文館、一九六八年）

著者略歴

安部龍太郎《あべりゅうたろう》

一九五五年六月福岡県八女市（旧・黒木町）生まれ。久留米工業高等専門学校卒業。
東京都大田区役所に就職、後に図書館司書を務める。
一九九〇年『血の日本史』でデビュー。
二〇〇五年『天馬、翔ける』で第一一回中山義秀文学賞受賞。
二〇一三年『等伯』で第一四八回直木賞受賞。
二〇一五年福岡県文化賞受賞。
二〇二〇年京都府文化賞受賞。
『関ヶ原連判状』『信長燃ゆ』『蒼き信長』『おんなの城』『家康』
『信長はなぜ葬られたのか』など著書多数。
安部龍太郎オフィシャルサイト https://aberyutarou.com/

幻冬舎新書 578

信長の革命と光秀の正義
真説 本能寺

二〇二〇年一月三十日 第一刷発行
二〇二〇年二月二十八日 第二刷発行

著者 安部龍太郎
発行人 志儀保博
編集人 小木田順子
編集者 木田明理 福島広司
発行所 株式会社 幻冬舎
〒一五一-〇〇五一 東京都渋谷区千駄ヶ谷四-九-七
電話 〇三-五四一一-六二一一(編集)
〇三-五四一一-六二二二(営業)
振替 〇〇一二〇-八-七六七六四三
ブックデザイン 鈴木成一デザイン室
印刷・製本所 中央精版印刷株式会社

検印廃止

Printed in Japan ISBN978-4-344-98580-3 C0295
あ-16-3

幻冬舎ホームページアドレス https://www.gentosha.co.jp/
*この本に関するご意見・ご感想をメールでお寄せいただく場合は、comment@gentosha.co.jp まで。